怀念

HUAI NIAN

JIANG YING LAO SHI

蒋英老师

中央音乐学院 编

中央音乐学院出版社
CENTRAL CONSERVATORY OF MUSIC PRESS
·北京·

图书在版编目（CIP）数据

怀念蒋英老师/中央音乐学院编. —北京：中央音乐学院出版社，2015.10（2025.2 重印）

ISBN 978 - 7 - 81096 - 717 - 4

Ⅰ.①怀⋯ Ⅱ.①中⋯ Ⅲ.①蒋英（1919～2012）—纪念文集 Ⅳ.①K825.76 - 53

中国版本图书馆 CIP 数据核字（2015）第 175148 号

怀念蒋英老师 中央音乐学院编

出版发行：中央音乐学院出版社

经　　销：新华书店

开　　本：787×1092 毫米　16 开　　印张：16.75

印　　刷：三河市金兆印刷装订有限公司

版　　次：2015 年 10 月第 1 版　　印次：2025 年 2 月第 2 次印刷

书　　号：ISBN 978 - 7 - 81096 - 717 - 4

定　　价：198.00 元

中央音乐学院出版社　　北京市西城区鲍家街 43 号　　邮编：100031

发行部：（010）66418248　　66415711（传真）

诗人臧克家有这样的名句:"有的人活着,他已经死了,有的人死了,他还活着……"蒋英先生就是虽已步入天堂但还活在人们心中的一位声乐艺术家、音乐教育家。

——黄旭东

序

王次炤

　　1983年的夏天，作为文革后中央音乐学院的第一届大学生，我们即将毕业。当时，声乐系和歌剧系的同学们正在为毕业演出积极排演歌剧《费加罗的婚礼》、《波西米亚人》和《伤逝》，以展示77、78级的教学成果。蒋英老师和沈湘老师作为歌剧系的负责人，主持歌剧《费加罗的婚礼》和《伤逝》的排演。有一天，《人民音乐》编辑部的张弦老师找我，说是钟子林老师向她推荐我，希望我写一篇关于《费加罗的婚礼》在中央音乐学院上演的报道，我欣然接受。作为一名还未离开学校的学生，我对自己的文章还多少带点疑惑。为此，我去请教钟子林老师，把文章的初稿交给钟老师，请他提意见。钟老师看了初稿后说："文章写得不错，假如还想提升的话，我向你推荐一位歌剧专家——蒋英教授。"经钟子林老师引荐，第二天我就来到了蒋英老师在学校的住处。蒋老师非常客气地接待了我，边看稿子边谈论，对文章中所涉及到的剧中人物特点、歌剧创作背景、首演状况及以后在全世界产生的影响等问题作了仔细的讲解。同时，还不时地从书架上找出各种德文资料，对我耐心指教。这次拜访蒋英老师，持续了两个小时之久。当时，我只是一名普通的学生，面对的是一位大名鼎鼎的教授，她是如此和蔼可亲、如此热情耐心和精益求精，令我非常感动。

蒋英教授是我国杰出的女高音歌唱家、音乐教育家。她精通英语、德语，并旁及法语、意大利语、俄语；她还擅长钢琴和古典吉他。蒋英教授早年曾在德国柏林音乐大学、瑞士路山音乐学院和慕尼黑音乐学院主修声乐、德国艺术歌曲、清唱剧和歌剧。先后师从海尔曼·怀森堡、依罗娜·杜丽戈和著名瓦格纳歌剧专家艾米·克鲁格等教授。她系统地掌握了美声唱法，对德奥艺术歌曲和法国艺术歌曲有着极为深刻的理解；对欧洲古典主义、浪漫主义以及近现代的歌剧、清唱剧和受难乐等作品亦有高深的学术见解。蒋老师被我国声乐界誉为"欧洲古典艺术歌曲的权威"。1946年，她的首场独唱音乐会轰动上海音乐界。上海国立音乐专科学校戴粹伦校长和南京国立音乐院院长吴伯超都曾热情邀请蒋英老师任声乐教授。后来，她随丈夫钱学森赴美。新中国成立后，钱学森、蒋英这对夫妇抱着为新中国服务的爱国之心，力争早日返回祖国，但遭到美国当局的百般阻挠。在被软禁5年之后，终于在1955年回到祖国。回国后至1959年，蒋英老师在北京中央实验歌剧院任独唱演员兼声乐教员。这期间，她虚心向民间艺人学习中国传统声乐艺术，拜老艺人为师，学唱京韵大鼓、单弦、京剧、昆曲等。作为歌唱家，她随歌剧院下基层，为煤矿工人和归国志愿军等演唱，成为深受大众欢迎的人民艺术家。1959年9月蒋英老师调至中央音乐学院任教，直至1989年退休。其间曾于1978年任歌剧系副主任。全面的艺术修养、深厚的欧洲文化功底、因材施教和富有辩证哲理的教学方法，以及兢兢业业的教学态度和一丝不苟的工作作风，终于使她硕果累累，培养出许多活跃在国际音乐舞台上，并享誉海内外的声乐人才，如傅海静、祝爱兰、姜咏、孙秀苇、赵登峰、多吉次仁、赵登营等。

就是这样一位有着传奇经历的、赫赫有名的大教授，能那样认真仔细地给一位外系的学生讲解有关歌剧《费加罗的婚礼》的内容，的确使我深受教育。后来，根据蒋老师的建议我重新修改了那篇评论文章。就在我即将交稿之际，钟子林老师又告诉我蒋老师要找我。我又来到蒋老师家，没想到，她竟然为我准备了数页手写的德－中对照资料，说："这几天我一直在帮你查询资料，希望这些资料能够对你有所帮助，这些资料来源于德文书籍，我都把它们译成中文，便于你阅读。"蒋老师还说："以后，你如果有需要的话，可随时找我。我这里资料比较多，不用很可惜。希望你能经常来，和我一起讨论歌剧问题。"此后，我又多次找过蒋老师寻求帮助，都得到了她的热情接待。这些事虽然已过去30多年，但依然历历在目，蒋英老师作为一名教育工作者的高尚品德始终是我学习的榜样。

　　也还记得当年，沈湘老师把自己的学生引荐给蒋老师，希望他们认真向蒋老师学习。蒋英老师毫无门派之分，不仅欣然接受，而且倾其所能悉心培养沈老师的学生。有一位曾经接受过蒋老师指导的学生回忆说，蒋老师对每一位学生都是那样尽心尽力，在她的胸怀中每一位中央音乐学院的学生，不论是哪位老师的学生，她都有责任帮助他们。蒋老师一方面认为,教师不应该有门派之分,应该关心每一位学生;另一方面又认为学生不应该是老师的私有财产,应该让学生从别的老师那里学到东西。蒋老师的治学精神和教学态度,以及她的师德与为人,永远值得我们学习!尤其是在当前物欲横流,师德每况愈下的情况下,更值得我们去回顾和反思。

而今,追忆起与蒋英老师相处的点点滴滴,更是深感悲痛与惋惜。蒋英老师的爱国情怀和对音乐教育事业的执著精神,以及她所取得的卓越成就,不仅为中央音乐学院留下了宝贵的精神财富和学术荣誉,而且也必定成为中国音乐教育史上的重要一页。她虽然已经离开我们了,但她的微笑与深情,她的善良与热心,她的无私与敬业,给我们留下了无尽的思念……

中央音乐学院之所以有今天的成就,最重要的原因是有一批像蒋英老师那样热爱学校、热爱学生、热爱艺术、热爱工作,兢兢业业、一丝不苟、全心全意、毫无私心的老一辈教职员工。正是由于他们的努力和创下的优良传统,才会有学院今天的光辉灿烂和蒸蒸日上!让我们永远记住前辈们,向他们致敬,向他们学习!学院编辑出版这本《怀念蒋英老师》的纪念文集，也正是出于这样的目的。既是怀念逝者，寄托大家的哀思；又是在激励后人，焕发出敬业的精神，使年轻一代的教职员工继承前辈留下的精神财富和优良传统，并努力把它们发扬光大，为中央音乐学院的今天和未来的发展做出不懈的努力！

2014年6月26日

怀念

HUAI NIAN
JIANG YING LAO SHI

蒋英老师

目录

　　中国共产党的优秀党员、杰出的音乐教育家、女高音歌唱家、中央音乐学院声乐歌剧系蒋英教授因病医治无效，于2012年2月5日11时40分在解放军总医院逝世，享年92岁。

　　蒋英教授1920年8月11日生于北京，浙江海宁人氏，号群士。共有姊妹五人，蒋英排行第三。其父蒋百里先生曾任保定陆军军官学校校长；北伐时曾和唐生智、张发奎等反蒋，失败后被蒋介石关押南京两年；抗日战争初期出任陆军大学代理校长，直至1938年从汉口撤退于广西途中病逝。其母蒋左梅（日籍）毕业于东京产科学校。

　　蒋英4岁时全家迁往上海。1926~1934年在上海中西女学附小、附中学习。1935~1936年在上海工部局女子中学学习。1936年随其父赴欧洲考察，即留德学习音乐。1937年先在德国柏林闻名于世管教严格的冯·斯通菲尔德（von Stumpfeld）学校学习。后于当年至1942年在德国柏林音乐大学主修声乐，与姚锦新同学，师从声乐系主任海尔曼·怀森堡（Hermann Weissenborn）。1941~1943年因患肺病中断学习，在德国和瑞士疗养。1943~1944年在瑞士路山音乐学院声乐系学习，先师从匈牙利歌唱家依罗娜·杜丽戈（Ilona Durigo），学习德国艺术歌曲和清唱剧，后师从慕尼黑音乐学院教授、著名的瓦格纳歌剧专家艾米·克吕格（Emmy Krüger），学习歌剧。毕业后任助教。第二次世界大战结束，欧亚通航后即返国。

蒋英经数十日海上飘泊，于1946年12月抵达上海。不久，她即在兰心大剧院（由上海市政府交响乐团主办）举行了首场独唱音乐会，轰动上海音乐界。后又赴杭州演出，亦取得成功。她分别接到上海国立音乐专科学校戴粹伦校长和南京国立音乐院院长吴伯超的邀请，热忱欢迎蒋英到校任声乐教授。此时正值之前即已认识的钱学森先生从美国回来探亲，俩人相约结婚。结婚前，钱学森对蒋英说："我是同情共产党的。" 想起国民党人在第二次世界大战期间，置国难当头于不顾，在欧洲过着奢侈生活的情景，蒋英当即就回答他说："哪怕你要到新疆去找共产党，我亦跟你去！" 1947年9月蒋英与钱学森在上海结婚，后随钱学森赴美国。1949年全国解放后，蒋英与钱学森抱着为祖国服务的拳拳爱国之心准备返回祖国，但遭到美国当局的百般阻挠，受尽了各种各样的折磨，被美国软禁5年之久，终于在1955年9月离开美国，10月回到祖国。在当年11月12日填写的《回国留学生工作分配登记表》中，蒋英感慨地写道："我回国后第一个感觉就是人民的相貌都改变了。从前从来没有看见有这么健康与快乐的人。现在这个人民有这样伟大的领袖，我们的将来是光明灿烂的。"翌年2月至1959年她在北京中央实验歌剧院任独唱演员兼声乐教员。其间，曾于1956年参加了全国第一届音乐周的独唱音乐会，并做了《关于西欧声乐发展史》的报告。为了更好地为中国人民服务，蒋英虔诚地拜老艺人为师，学唱京韵大鼓、单弦、京剧、昆曲，使她从欧洲室内乐的金字塔走向了另一个广阔的艺术天地。蒋英随歌剧院到阳泉为煤矿工人演唱，上街头，下坑道，或去火车站欢迎志愿军归国等，很快就成为一个深受大众欢迎的人民艺术家。1959年9月蒋英调入中央音乐学院声乐歌剧系任教直至1989年退休。其间曾于1978年任歌剧系副主任，为培养国家声乐和歌剧艺术人才辛勤耕耘、呕心沥血、硕果累累。1980年2月加入中国共产党。

　　蒋英教授精通英语、德语并旁及法文、意大利文、俄文，还擅长钢琴和古典吉他。她在欧洲学习期间，系统地学习了美声唱法，阅读了大量欧洲古典文学名著，掌握了不同时期、不同作家的德奥艺术歌曲、法国艺术歌曲、清唱剧、受难曲等室内乐作品，同时对欧洲古典主义、浪漫主义时期以及近现代歌剧作品亦有深刻的学术见解，被我国声乐界誉为"欧洲古典艺术歌曲的权威"。正由于她拥有全面的艺术修养、深厚的欧洲文学功底、因材施教和富于哲理的辩证教学方法，再加上周密的教学计划，使她独树一帜地培养出许多活跃在国际音乐舞台上并享誉国内外的声乐人才，如傅海静、祝爱兰、姜咏、孙秀苇、赵登峰、多吉次仁、赵登营等。同时，蒋英教授以她高深的学术造诣，在学院开设了深受广大师生欢迎的"欧洲古典艺术歌曲发展史"学术讲座；撰写了《欧洲声乐技术和它的发展》、《德国艺术歌曲》等学术论文；翻译了著名声乐家松德伯格（C.Sundberg）的《歌唱音响学》等著作；编译了舒伯特、舒曼、勃拉姆斯、德沃夏克以及法国艺术歌曲等教材；选编和译配了三册《世界著名女高音咏叹调》等歌剧教材。为我国声乐艺术和音乐教育事业做出了杰出贡献。

蒋英教授曾任《中国大百科全书·音乐·舞蹈卷》音乐学科编辑委员会委员、中国音乐家协会理事、北京音乐家协会理事、中央音乐学院职称评审委员会委员、学术委员会委员等职务，是"政府特殊津贴"和中国音乐"金钟奖"终身成就奖获得者。

蒋英教授德艺双馨，她与钱学森先生六十余年相濡以沫，携手共同投入祖国伟大的社会主义建设之中，在艺术与科学的不同岗位上，做出了卓越贡献。特别是在艺术与科学的融合，即科学的艺术与艺术的科学建设上创造了奇迹，树立了典范。他们的赤子之心，可歌可泣，堪为世人之楷模。

蒋英教授的不幸逝世，是中央音乐学院和中国音乐界的一个无法弥补的损失，为我们留下了无尽的思念。同时，蒋英教授的爱国情怀和对音乐教育建设事业的突出成就也为我们留下了宝贵的精神与艺术财富。

中央音乐学院

2012年2月6日

怀念

HUAI NIAN

JIANG YING LAO SHI

蒋英老师

同事篇

与刘延东同志合影

与家乡领导合影
右二为海宁市政协张炜芬主席
左二为海宁市政协田耘副主席

在贵宾室与李岚清同志交谈

在贵宾室与李岚清、
伍绍祖、刘长乐等同志在一起

学为人师 行为世范
——深切怀念蒋英教授

蒋英教授离开我们快两年了。为了更好地纪念她,学院组织编辑纪念蒋英教授的文集,全面回顾和总结蒋英教授为我国音乐和音乐教育事业做出的重要贡献;记述她深厚爱国情怀、无私奉献、认真负责的高尚师德,精益求精的艺术精神等生动感人的故事,以更好地传承和弘扬她留给我们的优良传统。

深厚的爱国情怀,热忱为人民服务的感情是我在与蒋英老师的接触和了解中留下最深刻的记忆。蒋老师出身名门,1947年与钱学森先生结婚后随赴美国。1949年新中国成立后，胜利的消息传到大洋彼岸，蒋英老师和钱学森先生抱着为新中国服务的拳拳爱国心立即动身准备回国，但遭到美国当局的百般阻挠，美国当局害怕钱学森这位世界著名的科学家回到祖国，为"红色中国"服务，对钱学森非法软禁了5年。在长达5年受监视、受威胁的日子里，蒋老师作出了巨大的牺牲，做了许多联络工作，在党和政府及周恩来总理亲切关怀下，1955年9月离开美国乘船航行，10月回到祖国。当时的祖国贫穷落后，百废待兴，她们夫妇拒绝美国的一切，一心报国，把自己的真才实学、智慧和力量全身心地投入到新中国伟大事业的建设中。

蒋老师在欧洲求学十余年，学习西方古典音乐。她是一位著名女高音歌唱家，但她为了使自己的歌唱能够让老百姓听得懂、易接受，更好地为中国人民服务，虔诚地拜老艺人为师，学唱京韵大鼓、单弦、京剧、昆曲。在学习民族民间音乐的过程中，使蒋英老师既能在欧洲音乐的高雅殿堂里从容地发挥自己的才华，又能在为人民大众服务的广阔的天地里奉献艺术才能，她随歌剧院下基层，不仅为煤矿工人、归国志愿军演唱，还经常上街头，下乡村为大众服务，成为深受大众欢迎的人民艺术家。从中让我感到作为老一辈艺术家，不论国家和人民是贫穷还是富有，她始终把国家和人民装在心里，

中央音乐学院
郭淑兰书记等看望
蒋英老师

把个人的理想同国家的发展目标结合起来，与祖国和人民同呼吸共命运。将国家的需要和人民对音乐艺术的喜爱作为艺术评判的标准，把最好的艺术精神食粮奉献给祖国和人民。这是她给艺术后生们树立的榜样，是音乐家们始终要继承和弘扬的优良艺术传统。

　　精雕细刻、大爱无私育人才，这是蒋英老师高尚师德的真实写照。我从众多弟子追忆恩师蒋英的文章里看到记述一个个生动感人的故事。祝爱兰回忆说："蒋老师教学很认真，而且绝对是认真研究后去教。她想教你什么，自己必定先把它学到家，备课很认真，所有内容都写下来。课堂上的教学内容她也会写下来，然后下堂课翻看记录。"张汝钧（香港）回忆说，蒋英先生经常教导他们"不要光用嗓子练，更要多些用脑子练。要用你的心来唱歌。先生要求我们做一个好的人，一个善良的人，一个真诚的人，再发自内心来歌唱，就一定能感动听众"。（《人民音乐》2000年第一期）。多吉次仁回忆说："每次上课，年近八旬的老师都是精神焕发地坐在钢琴边等我。每次蒋老师都会精心备课，从不马虎。蒋老师为我打开了西洋声乐作品演唱的大门，让我明白唱歌是唱内容，而不是唱声音。每当提到给她学费时，她只说：'你好好唱，给我争气，能到处去演出，就是最好的报答。'"多吉次仁说："蒋老师那么无私、神圣、纯洁，就是我心目中的'白度母'。"赵登营回忆说："蒋老师每次上课都会提前复印好谱子，并且把外文歌词抄下来逐字逐句地翻译成汉语，同时把名家演唱的范本录好卡带，上课时一并给我。蒋老师就是这样全身心地爱着我们，把每一个学生都当成自己的孩子一样。"（《歌坛纪事》"天堂里的歌声"——众弟子追忆恩师蒋英）

从这些学生们的回忆中使我深深地感到蒋英老师是一位多么可亲可敬的好老师。在蒋英老师心里，不论是何种条件的学生，是在职时教的，还是退休后教的，只要求教到她门下，她都真心实意、一丝不苟地培养，而且不要分文。蒋老师的治学精神和教学态度，以及她的师德和为人是值得老师们永远学习的榜样！尤其是在当前拜金主义至上，师德状况令人担忧的情形下，更值得我们去好好回顾和反思。

崇尚科学，追求科学与艺术的融合创新，这是蒋老师留给我们最宝贵的艺术精神。蒋老师与钱学森先生相濡以沫六十余年，一个著名科学家和一个著名的艺术家携手共同投入祖国的社会主义建设事业，在艺术与科学的不同岗位上，做出了卓越的贡献。特别是在艺术与科学的融合，即科学的艺术与艺术的科学建设上创造了奇迹，树立典范。1999年7月，我组织党委宣传部为蒋英老师举办"艺术与科学——纪念蒋英教授执教40周年学术研讨会"，以及由蒋老师的学生参加演出的音乐会等活动。为准备此次活动，我和时任宣传部副部长曹卡民，老干办侯大夫一起去蒋老师家里拜访。在交谈中，我了解到这对艺术家和科学家的恩爱夫妇，他们对艺术和科学彼此是那样的相互尊重、相互学习、互相支持，令我感动。蒋老师崇尚科学，她十分关注和学习钱学森先生科技方面的东西。比如，当时钱先生研究系统科学，她也跟着学习，从中学习科学思维，并运

中央音乐学院
老干部处同志看望
蒋英老师

用教学中，实行严谨科学的教学方法。而蒋老师在演出时，总是将
钱先生作为第一听众、第一评论家。过去每逢登台演出，蒋老师总
邀请钱先生去听，请他欣赏，请他评论。有时钱先生忙，不能到现
场，蒋老师就录下音带回家，等他休息时再放给他听。在相濡以沫
的日子里，这已经成为一种默契，一种习惯。由此，钱先生发自内心
地说出"能够时时听到她华丽的女高音，是人生最大的幸福"。在
1991年10月16日，国务院、中央军委授予钱学森"国家杰出贡献科

中央音乐学院
王次炤院长等看望
蒋英老师

学家"荣誉称号时钱先生深情地说："蒋英和我的专业相差甚远，我是干什么的，大家都知道了，蒋英是干什么的？她是女高音歌唱家，而且是专门唱最深刻的德国古典艺术歌曲的。正是她给我介绍了这些音乐艺术，这些艺术里所包含的诗情画意和对人生的深刻理解，使我丰富了对世界的认识，学会了艺术的广阔思维方法。或者说，正因为我受了这些艺术方面的熏陶，我才能够避免死心眼，避免机械唯物论，想问题能够更宽一点，活一点。在这一点上我也要感谢我的爱人蒋英同志。"在学院演奏厅举行的"艺术与科学——纪念蒋英教授执教40周年学术研讨会"上来了许多音乐界和科技界的学者，钱先生特别重视这次活动，由于他身体行动不便，不能亲自到场发言，特意让他的女儿在会上宣读了他的书面发言。他在书面发言中说："蒋英和我在完全不同的领域工作，蒋英在声乐表演及教学领域耕耘，而我则在火箭卫星的研制方面工作——她在艺术，我在科技。但我在这里要向同志们说明：蒋英对我的工作有很大的帮助和启示，这实际上是文艺对科学思维的启示和开拓！在我对一件工作遇到困难而百思不得其解的时候，往往是蒋英的歌声使我豁然开朗，得到启示。这就是艺术对科技的促进作用。至于反过来，科技对艺术的促进作用，那是明显的——如电影、电视等。总之，我钱学森要强调的一点，就是文艺与科技的相互作用。"钱先生对于科学与艺术方面的论述，专门编辑了一本书，蒋英老师告诉我书名是她起的，叫《科学的艺术与艺术的科学》。

从蒋老师和钱先生的生活，到对艺术与科学的相互尊重、相互学习、启示，创造艺术与科学上的奇迹，她们在艺术与科学建设上的融合，启发了人的创造力，培养了创造性人才。这正是蒋英老师艺术上追求的最高境界，是值得我们永远学习和弘扬的艺术精神。

蒋英老师作为女高音歌唱家和音乐教育家对中国音乐教育事业发展贡献卓著。她被我国声乐界誉为"欧洲古典艺术歌曲的权威"。她以全面的艺术修养，因材施教和富于哲理的辩证教学方法，培养出许多活跃在国际音乐舞台上，享誉国内外的声乐人才，如傅海静、祝爱兰、姜咏、孙秀苇、郑登峰、多吉次仁、赵登营等。她更以高深的学术造诣，在学院开设了深受广大师生欢迎的"欧洲古典艺术歌曲发展史"学术讲座；撰写了《欧洲声乐技术和它的发展》、《德国艺术歌曲》等学术论文；编译了舒伯特、舒曼、勃拉姆斯、德沃夏克以及法国艺术歌曲等教材；选编和译配了三册《世界著名女高音咏叹调》等歌剧教材。这不仅为中央音乐学院留下了宝贵的精神财富和学术荣誉，也必将成为中国音乐教育史上光辉的一页。让我们永远记住可亲可敬的蒋英老师，让蒋英老师的敬业精神代代相传，永远成为激励后人前进和学院未来发展的精神力量！

2014年12月

怀念

HUAI NIAN
JIANG YING LAO SHI

蒋英老师

蒋英在中央歌剧院

刘诗嵘

　　蒋英回国后由文化部安排到中央歌剧院工作。周巍峙同志当时是院长，我在院办负责蒋英同志的接待工作。她当时对于国内文艺团体的状况并不清楚，似乎也存有些疑虑，便问我："像我这样的演唱方法在你们剧院能够适应吗？你们剧院的工作条件怎样呀？"我说："现在剧院里已经有相当一批在国内外学习美声唱法的歌唱家，在这里既担任演员又担任教员。另外还有一个比较完整的交响乐队，可以演奏世界各国的名曲。"等等。

周巍峙同志很重视艺术干部的培训，他在歌剧院提出了"半日办学校，半日办剧院"的口号。当时剧院里拥有在专业艺术院校毕业的演员们，包括在国外留学已经回国的张权、周德华等一批从事美声唱法的演员暨教员。规定每位演员要带2至4名年轻演员作学生，保证他们每周可以上正规的声乐课，进行合唱训练等。蒋英同志在这样一个环境里要演工农兵的主要角色，还是有困难的。但她还是主动热情地参加剧中次要角色的排演工作。有一次她在剧中演农村妇女欢迎八路军，大家感到她的动作有点洋气，过后她很认真地进行了改进。

　　有独唱能力的演员们经常组织音乐会小组到全国各地的大中城市进行巡回演出，蒋英同志就身在其中。在演出当中，她还会主动学习演唱一些中国的民歌和创作歌曲，她和大家团结一心工作很愉快。1955年我们请了歌剧舞台实践经验丰富的苏联的声乐专家来院教学，并由中方的教师授课让苏联专家来听课指导。蒋英同志也被邀请参加苏联专家的教学观摩课，课后她总结性地提出要学习苏联专家能把意大利、德国、法国学派的优点都吸收进来、归纳起来、融会贯通，并及时运用到教学当中去的治学态度。苏联专家教学1年后，周总理提出要听一听专家班学员的汇报，特别是民歌

蒋英老师在音乐会
结束后向听众发表
感言

演员的专业学习成果，要求所有专家班学员要唱一首专家课上的曲
目，再唱一下以前她擅长的中国作品。同时还要请一位在西方国家
留学的歌唱家参加汇报演出，请她也唱一首代表的曲目作为比较。
由于当时张权在剧院有演出，所以我院就安排了蒋英来汇报。她当
时用德语演唱了《夏日里最后的玫瑰》，总理听了十分欣赏。1958年
后蒋英同志被调到中央音乐学院了，成立歌剧系后她的高徒又陆续
成了歌剧院的主要演员。

怀念

HUAI NIAN

JIANG'YING LAO SHI

蒋英老师

蒋英老师是我弹声乐伴奏的启蒙老师

周广仁

我的父亲周孝高曾在德国留学，获博士学位。我5岁时随父母回国，住在上海法租界国富门路（安亭路）126号。正巧，第二次世界大战结束后，蒋英于1946年也从德国留学回来，跟我们家住在同一条马路上，只相隔三四十米。 有一天，蒋英路过我们家，听见钢琴声，就按电铃问："弹琴的是谁啊？"我回答："就是我。" 她高兴极了说："我要开音乐会，你能给我弹伴奏吗？"我说："我怎么能给你弹伴奏？我还是一个学生，我从来没有弹过声乐伴奏。" 她说："你弹得很好，我

钱学森、蒋英
夫妇出访

教你。"从此，我每天到她家去合伴奏。那是一种享受。首先，我们一见如故，可以说德文，她唱的艺术歌曲我都懂，她唱得那么好听，给她弹伴奏是艺术上的享受。她在音乐上要求非常细腻，对伴奏要求很高。我也争气，她很满意。一周以后，我们就去杭州空军学校演出了。演出非常成功。这是我一生中第一场公开的音乐会。从此，我爱上了弹声乐伴奏。

1947年钱学森先生从美国回来探亲。有一天，蒋英来告诉我说她要跟钱学森先生结婚了，请我给他们弹"婚礼进行曲"。我非常乐意地接受了。蒋英告诉我，婚礼在上海很有名的PARK HOTEL大饭店举行。还说："我不要常用的瓦格纳的婚礼进行曲，我喜欢门德尔松的"婚礼进行曲"。而且为了让来宾安静下来，你先给我弹一首曲子。"我心想，蒋英真别出心裁，与众不同。一般婚礼常用的进行曲是舒缓的，新娘子一步一步慢慢地走来，而门德尔松《仲夏夜之梦》里的"婚礼进行曲"是一首快速的进行曲，风格完全不同。我当然一切照办。我先弹了一段巴赫《意大利协奏曲》的慢乐章，等客人们都安静下来了，我就弹蒋英所要的门德尔松的"婚礼进行曲"，新娘子跟着音乐的节奏大踏步地走进来了。观众热烈地鼓掌，表示欢迎。能够为钱学森先生和蒋英老师弹"婚礼进行曲"是我一生中最光荣和值得纪念的事。

　　他们婚礼后不久就去了美国。一直到解放后，钱先生和蒋英一家突破美国政府重重阻碍绕道欧洲回到了祖国。那时，蒋英和我都已经到中央音乐学院工作。我记得有一次我开音乐会，钱先生和蒋英来听了，让我非常感动。我还记得上世纪50年代一次"文代会"，钱先生在人民大会堂给文艺界做了一个报告——《科学和文艺的关系》，讲到科学家也要通过文艺来受到启发。在音乐学院我虽然很少能跟蒋英见面，但她骑着摩托车来上班的样子给我留下难忘的印象。在那个时代很少有女孩子骑摩托车的。

　　蒋英的一生是兢兢业业做学问的一生。她对德国的艺术歌曲有深刻的研究和理解。我至今还在回味她青年时代那美妙的歌声。可惜那个年代没有能留下我和她那场音乐会的录音……

与吴天球教授合影

与周瑾合影

与雷克庸夫妇合影

与老朋友Marble夫妇重逢

与鲍世行夫妇合影

良师益友

——我所了解、认识的蒋英教授 黄旭东

引 言

诗人臧克家有这样的名句："有的人活着，他已经死了，有的人死了，他还活着……"蒋英先生就是虽已步入天堂但还活在人们心中的一位声乐艺术家、音乐教育家。

我认识蒋英先生，是在20世纪60年代初。记得当年她天天骑着一辆小型摩托车，早上7点半左右就来到学校，不管刮风下雨，也不管有课没课，天天如此。*那个时期，学校给她一处供中午休息

---

* 我家当时在天坛公园西门附近的卫生部中国医学科学院抗菌素研究所宿舍。每天上班在复兴门乘15路公交，必定走笔管胡同，而这也是蒋英每天到校的必经之路。

的地方，与我一位在图书馆工作的上海籍朋友陈惠君女士一起，在三号楼一层向阳的20平米宿舍里。

我与蒋先生相识交往的几十年里，给我的深刻印象是：她在家是贤妻，在校是良师，在同志间为益友。在她生前，我因公、因事，曾去过她阜成路的家三次，每次她都热情、亲切接待，我也很自然的无拘无束地与她聊天谈话。本文拟就我所接触、了解的情况向大家做一介绍，以纪念缅怀蒋英先生。

家 世

蒋英先生，1920年8月11日生于北京，浙江海宁县人，别号群士。其父蒋百里，育有姊妹五人，蒋英排行第三，她十分敬重父亲而又深受传奇人物父亲和日籍母亲左梅的影响，故这里有必要对蒋百里夫妇做适当的介绍。

蒋百里

蒋百里（1882~1938），名方震，著名军事理论家、军事教育家，上将军衔，通晓多种语言，是中国近代军事史上一位多才多艺的传奇式人物。1901年入日本士官学校，1903年2月在日本东京参与创办《浙江潮》，该刊宣传反清的民族革命思想，揭露帝国主义对中国的侵略，批判改良派的"和平立宪"主张、鼓吹"革命造反"，积极

蒋百里

传播西方社会政治学说。他先后出任过国民政府陆军部高等顾问、总统府军事参议、陆军大学代理校长等重要职务。在此，有两件与蒋百里相关的事值得一说：

一是在1906年，蒋百里以第一名的成绩毕业于日本陆军士官学校步兵科，获天皇赐刀一把。按当年的天皇制度，赐刀应给最重要而又最优秀的第一名毕业生，而这一规定虽没有明说获得者必须是日籍人，但其用意无疑是为赐予本国公民而设；不料现在竟为中国籍学生所得，这就给日本陆军史创造了一项十分尴尬的记录，使日本人既无可奈何，又无地自容，大失面子。

二是蒋百里与同乡、新月派著名诗人徐志摩（1896~1931）是挚友，为第一次世界大战期间德国元帅兴登堡（1847~1934）所器重，曾舌战过意大利法西斯党魁、第二次世界大战的元凶、大独裁者墨索里尼。1936年，蒋百里访问德国时，蒋纬国曾当过他的副官。如果要讲述蒋百里的传奇生涯，真可以用一本书来记述……

蒋百里早年留学德国，回国后曾先后出任保定陆军军官学校校长及代理陆军大学校长，北洋政府总统府顾问，北京大学教授等职；20世纪20年代北伐战争时期，曾联合保定军校毕业生唐生智（1889~1970）、张发奎（1896~1980）等反蒋，失败后被蒋介石关押于南京两年。1937年，他在出版的一本军事理论著作《国防论》中，就独具慧眼地提出了抗日持久战的军事理论，是国民党将领中的第一人。"七·七"事变全面抗战爆发后，蒋百里常说："打不了，也要打；打败了就退，退了还是打；五年、八年、十年总坚持打下去；不论打到什么天地，穷尽输光不要紧，千千万万就是不要向他妥协，最后胜利定归是我们的。你不相信，你可以睁眼看着；我们都会看得见的，除非你是一个短命鬼。"这段话在当年传诵一时。而毛泽东的《论持久战》则是在1938年5月。

蒋百里的夫人是日本籍的佐藤梅子（1890~1978）女士，生于北海道。毕业于东京护理产科学校，她是一位奇女子。在东京帝国大学附属医院实习5年后，被派往日本驻中国公使馆。佐藤梅子容貌漂亮，身材绰约，性格温润善良。她与蒋百里的结合，有一段感人的故事：1912年12月，蒋百里被袁世凯任命为保定军官学校校长。1913年6月18日凌晨5点，天蒙蒙亮，校长蒋百里身着黄呢军服，腰挂长柄佩刀，足蹬锃亮马靴，站在尚武堂石阶上向全校两千余名师生紧急训话。他用沉痛而低微的语调说道："我到本校后，曾经教训过你们，我要你们做的事，你们必须办到；你们要我做的事，我同样也要办到；你们办不到，我要责罚你们；我办不到，我要责罚我自己。现在你们一切都还好，没有对不起我的事，我自己不能尽责任，是我对不起你们！""你们不许动，不要灰心，要鼓起精神来担当中华民国未来的大任！"*说罢，蒋百里就掏出手枪，瞄准自己胸部偏左的地方猛开一枪。幸好子弹未中要害，无性命危险，但亦须及时救治。

　　袁世凯得悉后，延请一位日本医官治疗，医官安排一位日本女看

---

* 陶菊隐著《猬介与风流——吴佩孚将军传·蒋百里先生传》，第183页倒数第3行~184页第2行，山西人民出版社，2007年11月，第1版。

护佐藤梅子护理服侍。当时性格刚烈的蒋百里的伤势虽已无性命危险，但他心已死，决意不愿留在人世。而这位佐藤小姐对其照顾看护真可谓全心全意，无微不至；他和蔼地对蒋百里说："忍是大勇者之所为。自杀非勇而系逃避人生责任。人生责任要以大无畏的精神冲破一切难关，求其理想之实现。你如果不能忍，将来如何能够成大功胜大任？有热血有能力的男儿如果轻言牺牲，国事有何人承担，如何对得起国家及培植人才的老前辈？"*佐藤小姐以日本"忍"字诀规劝他的一番话，深深打动了他；正处于一蹶不振、万念皆灰之际的蒋百里，得到这位红颜知己的一番真情劝慰，他的心怦然一动，幡然醒悟，而且情不自禁地对面前这位异国女子产生了恋情。然而佐藤梅子的父母对他们之间的恋情持反对态度。可蒋百里对佐藤深爱不懈，鸿雁情书不绝。不久，蒋百里又专为求爱奔赴日本，面见佐藤父母求婚；佐藤父母眼见这个中国青年飘洋过海来到家中，可知他对自己女儿多么的爱，欣然同意了两人的婚事。1914年秋，蒋百里终于在塘沽码头迎接新娘，假天津德国饭店与佐藤小姐结为百年之好。婚后，

---

* 陶菊隐著《狷介与风流——吴佩孚将军传·蒋百里先生传》，第187页倒数第2行~188页第3行。

左一蒋英、右一左梅、
站者蒋百里

夫人取名"左梅"。蒋百里还在家乡江硖石东山西麓,购地数亩种梅二百株,取名为"梅园",以备二人终老归隐之用;可见蒋百里对左梅的挚爱深情与浪漫精神。婚后,左梅不再说日语。他们生育5个女儿,而左梅夫人从不叫女儿们学习日语,平时一家人都用一口地道的北京话交谈。这又显示了左梅对丈夫的爱,对中国的爱。

　　1937年抗战爆发,知世达理、明辨是非的左梅夫人说:"中日交战,是日本军国主义者的过错。"就在这一年,蒋百里把自己的轿车捐献给国家,以实际行动支援抗战;而左梅也毫不犹豫地变卖了自己许多心爱的首饰和值钱的物品，买来布匹、纱布，与女儿们一起夜以继日不辞辛苦地赶制军衣及绷带纱布，送往前线，救护伤员。1938年蒋百里逝世后，左梅夫人独自挑起了全家生活的重担，与女儿相依为命。5个女儿中，大女早逝，二女蒋雍、四女蒋华定居美国，五女蒋和居住北京。三女蒋英留学德国后于1947年与钱学森结婚，并成就了现代史上一段佳话。左梅自己始终住在北京女儿家，直到1978年去世，享年88岁。1984年，蒋英护送母亲的骨灰至家乡杭州，将其与父亲合葬于凤凰山下南山墓地。

这里还须交代一下：钱家和蒋家为世交。蒋家是浙江海宁望族，祖籍杭州，而钱家的祖籍也是在杭州。钱学森的父亲名家治，字均夫。蒋英的父亲名方震，后以百里传世。蒋百里早年在杭州求是书院（浙江大学前身）读书时，与钱均夫是同窗好友、莫逆之交。蒋百里有"五朵金花"，钱均夫膝下只有独子钱学森。钱均夫与妻子章兰娟希望有个女儿，见蒋百里的三女儿蒋英活泼可爱，恳求蒋百里夫妇把蒋英过继给他们。蒋百里夫妇慨然答应，于是钱家办了酒席，过继蒋英，从此蒋英改名为"钱学英"，并与奶奶一起住进了钱家。于是，钱学森和"钱学英"以兄妹相称，两小无猜，青梅竹马。他俩还曾一起合唱《燕双飞》，博得两家的喝彩。没隔多久，蒋百里夫妇思念三女儿，还是把蒋英接了回去。没想到，这个原本是钱家的过继女儿的"钱学英"，最后还是嫁到了钱家，变成钱家的儿媳。

成 长

蒋英，1920年8月11日出生于北京。1924年，蒋英四岁时全家迁往上海。1926至1934年在上海中西女学附小、附中学习。这是由美国监理会传教士林乐知（1836~1907）创办于19世纪末的一所教会女校。建校伊始，就将"传授西谱音乐教育"作为其办学宗旨之一。之后又陆续创设了琴科、唱歌科、提琴科等，同时还组建了国乐队、西洋乐队等学生乐队。在专业的西洋音乐文化的影响下，女塾中走出了一批中国近代著名女音乐家。蒋英可说是其中的佼佼者之一。

1935~1936年在上海工部局女子中学学习。1936年蒋百里赴欧洲考察，蒋英姐妹与母亲陪同前往，于是随机留德学习音乐。先在德国闻名于世、管教严格的柏林冯·斯东凡尔德（Von stumpfeld）学校学习；从这年起至1942年在德国柏林音乐大学主修声乐，与后来成为女音乐理论家、音乐教育家的姚锦新（1911~1996）为同学，师从声乐系系主任海尔曼·怀森堡（Herman Weissenborn）。1941~1943年，她因患肺病中断学习，先后在德国和瑞士疗养。

1943~1944年在瑞士路山音乐学院声乐系学习时，师从匈牙利歌唱家依罗娜·杜丽戈（Ilona Durigo），学习德国艺术歌曲和清唱剧，后又随慕尼黑音乐学院教授、著名的瓦格纳歌剧专家艾米·克鲁格（Emmy Krüger）学习，掌握了大量德国、法国艺术歌曲，清唱剧、受难曲、弥撒等室内音乐作品，对古典、浪漫时期及近现代歌剧作品有了深刻的认识和理解。在这个时期，她生活相当艰苦，经常在地铁买个面包充饥。她有个坚定的信念："我不能丢中国人的脸！一定要把西方音乐学到手！"1946年，蒋英结束了在欧洲长达10年的求学生涯，经数十日海上漂泊，于同年12月抵达上海，回到了祖国。此时她已是一位有一定演唱经验的女高音歌唱家，随即由上海市政府交响乐团主办，上海交响乐团指挥、著名钢琴家马林斯基担任伴奏，在兰心大剧院举办了首场独唱音乐会，受到了观众的赞赏，真可谓"鲜花满台飘香，评论报道连篇"。资料珍贵，这里仅摘引一段当年音乐评论家俞便民的观感供赏读：

"蒋英的音乐会是本评论者听到的最佳音乐会之一；她也是近年来舞台上出现的最好的青年女高音。蒋的歌喉是抒情的，她的特点是懂得如何运用她的嗓音，最令人信服的是她有音乐感……她戏剧性的才华得到充分的发挥，无论在音域与音量上，她掌握得极为

1947年9月蒋英与钱学森在上海结婚，图为她在结婚宴会上演唱

出色……熟练的技术与丰富的经验，使快速的滑音和花腔都显得极为轻巧和优美。*

　　接着她又赴杭州演出，亦取得成功。与此同时，蒋英还分别接到上海国立音乐专科学校戴粹伦校长和南京国立音乐院院长吴伯超的邀请，热忱欢迎蒋英到校任声乐教授。此时正值之前即已认识的钱学森从美国回国探亲，两人相约结婚。结婚前，钱学森对蒋英

---

* 见1947年6月2日上海《每日新闻》。

1955年回国时的
蒋英一家人

说："我是同情共产党的。"蒋英当即就回答说："哪怕你要到新疆去找共产党，我亦跟你去！"1947年9月与钱学森在上海结婚，后随钱学森赴美国。

回　国

1949年，中华人民共和国建立后，蒋英与钱学森抱着为祖国服务的拳拳爱国之心准备返回祖国，但遭到美国当局的阻挠，受尽了各种各样的折磨，被美国软禁5年之久；经多方努力与交涉，终于在1955年9月离开美国，同年10月回国。她在当年11月12日填写的《回国留学生工作分配登记表》中，蒋英感慨地写道："我回国后第一个感觉就是人民的相貌都改变了。从前从来没有看见有这么健康与快乐的人。现在人民有这样伟大的领袖，我们的将来是光明灿烂的。"

1956年2月至1959年蒋英在北京中央实验歌剧院任独唱演员兼声乐教员。其间，她曾于1956年8月出席了全国第一届音乐周的活动，参加了独唱音乐会。为了更好地为中国人民服务，她真诚地拜老艺人为师，学唱京韵大鼓、单弦、京剧、昆曲，在学习民族民间音乐的过程中，使蒋英既能在欧洲音乐的高雅殿堂里从容地发挥自己的才华，又可在为人民大众服务的广阔的天地里奉献个人的艺术技能，她随歌剧院到山西阳泉为煤矿工人演唱，还经常上街头下坑道为大众服务，很快成为一位受群众欢迎的艺术家。

1959年9月调至中央音乐学院，先期曾从事过一段音乐文献的翻译工作，后在声乐系、声乐歌剧系任教，其间曾于1978年任歌剧系副主任。任职期间，在改革开放的新形势下，她与沈湘先生一起，团结奋进，热情洋溢地带领师生，完整排演了莫扎特的《费加罗的婚礼》、施光南的《伤逝》两部歌剧和威尔第的《茶花女》选场。歌剧系首届毕业生的公演，轰动了京城音乐界，创造了音乐学院声乐系历史上未曾有过的学术春天；20名首届毕业生，差不多全被在京的中央歌剧院、中国歌剧院所接受。这其中，蒋英与沈湘友好协作，绝对功不可没。

蒋英在近30年（1959～1989）的教学生涯中，为培养国家声乐和歌剧艺术人才，真可谓辛勤耕耘，任劳任怨，埋头苦干，孜孜不倦。

蒋英教授精通英语、德语，并旁及法文、意大利文、俄文，擅长钢琴和古典吉他。她在欧洲学习期间，系统地学习了美声唱法，读了大量欧洲古典文学名著，掌握了不同时期、不同作家的德奥艺术歌曲、法国艺术歌曲、清唱曲、受难曲等室内乐作品，同时对欧洲古典主义、浪漫主义时期以及近现代歌剧作品亦有独到、深刻的学术见解，被我国声乐界誉为欧洲古典艺术歌曲的权威。正由于她拥有全面的艺术修养、深厚的欧洲文学功底，再加上熟悉每个学生的实际水平与不同的心理特点，善于因材施教，有的放矢，运用富于哲理的辩证教学方法，又制定周密的教学计划，故而使她能独树一帜地培养出一批活跃在国际音乐舞台上、享誉国内外的声乐人才，如傅海静、祝爱兰、姜咏、吴晓露、孙秀苇、赵登峰、多吉次仁、赵登营等。同时，蒋英教授还以她丰富的艺术修养和精深的学术造诣，在学院开设了深受广大师生欢迎的"欧洲古典艺术歌曲发展史"学术讲座；撰

1987年，钱学森、蒋英
出访英国、德国

写了《欧洲声乐技术和它的发展》、《德国艺术歌曲》等学术论文；
翻译了著名声乐家松德伯格（C.Sundberg）的《歌唱音响学》等著
作；编译了舒伯特、舒曼、勃拉姆斯、德沃夏克以及法国艺术歌曲等
教材；选编和译配了三册《世界著名女高音咏叹调》等歌剧教材。著
有《西欧声乐艺术发展史》，合译有《肖邦传》、《舒曼传》等，为我
国声乐艺术和音乐教育事业的建设与发展，做出了杰出贡献。

　　蒋英与钱学森长期生活在一起，因而对科技事业、科学工作者

的艰辛十分关心和理解，她曾以巨大的热情，不顾连续几个月的劳累，参与组织、指导了一台大型音乐会——《星光灿烂》，歌唱航天人，献给航天人。1999年7月，中央音乐学院在北京隆重举办"艺术与科学——纪念蒋英教授执教40周年学术研讨会"，以及由蒋英的学生参加演出的音乐会等活动。

蒋英非常关心自己的学生。在学校推行师生双选制的教学体制中，她一旦选中了学生，就实心实意、一丝不苟地教学，不要学生给她任何东西，只要唱得好有进步就行。一些学生回忆说，每次跟蒋英老师学一个新作品时，她会做很多准备的工作。有位女学生，当年在国内的时候，外语水平不够好，完全是老师一个字一个字教出来的。蒋英还常对自己的学生说："你们不要怪我好为人师，因为你是我的学生。我不多夸奖你，而要多指出你的不足与缺点，一是为了认识存在的问题，有的放矢地进行教学；二是让你们不要骄傲。"所以学生对蒋英老师是"又敬又怕"，这实际是一种敬畏。

蒋英在学校教学的同时，平时也经常有学生慕名上门求教，她都乐意接待，真诚帮助。像自己的正式学生一样对待，而且不收学生一分钱，这是她的原则。

蒋英在中央音乐学院教学的30年间（1959~1989），一对一地亲手培养了26名学生，其中近一半都在国际音乐舞台上取得过骄人的成绩，傅海静、祝爱兰、多吉次仁、杨光等都是国际乐坛上有名声的歌唱家。他们在为祖国争光的同时，也向世界证明了中国艺术教育的实力与水平。对此，蒋英在欣慰的同时，又清醒地看到中国的声乐教育与世界先进水平相比，还有一定距离。但她认为，学院的教学，基础非常扎实。只要有了扎实的基础，再加上天赋和后天的勤学苦练，就一定能成就人才。

作为声乐艺术家，蒋英创造过一定的辉煌，而作为教育家，她为国家培养了众多优秀人才，为世界展示了中国的实力，又输送了中国的骄傲。

在日常生活中，蒋英的个性突出地表现在她不喜欢别人称呼、更不自居"钱学森夫人"，"我自己是艺术家、声乐教授"。

蒋英艰苦朴素，她回国时戴的一只手表，用了好多年还舍不得换。他们家的住房，尽管有好几次可迁居到"部长楼"、"将军楼"的机会，但他们都主动放弃了，至今还住在已经住了40年的红砖老楼里。

蒋英曾任《中国大百科全书》音乐学科编辑委员会委员、中国音乐家协会理事、北京音乐家协会理事，中央音乐学院职称评审委员会委员、学术委员会委员等职务，是"政府特殊津贴"获得者。

执教四十周年纪念音
乐会后与演出人员及
领导合影

跋 语

　　蒋英身出名门，身嫁名人，自立自强，严于律己，宽厚待人，在
长期的教学与艺术实践中，自然而然地亦成为名师，深孚众望，德
艺双馨，声播九州。她与钱学森先生相濡以沫60余年，携手共同
投入祖国的社会主义建设，在艺术与科学的不同岗位上，做出了卓
越贡献。特别是在艺术与科学的融合，即科学的艺术与艺术的科
学建设上创造了奇迹，树立了典范。她的赤子之心，堪为中华民族
儿女之楷模。

我心目中的蒋英老师

郭代昭

我和蒋老师认识已经有35年了，关于她在声乐教学方面的成就有目共睹。她翻译了大量的国外各个时期的歌剧咏叹调和艺术歌曲，在这方面做出了巨大的贡献。改革开放以后，可以说她焕发了艺术青春，充分展示了她在艺术方面的才华。我觉得蒋老师在声乐教学方面的成就是应该得到充分肯定的。

蒋老师给学生上课的时候，总是早早地就来到上课的琴房，即便是在她退休的这些年里，她对学生仍然保持着春天般的温暖，一小时的课，她经常是要上一上午。虽然她的身体一直不是很好，但是，只要是给学生上课，她好像就有使不完的劲。多年来，她给学生上课从来都不收取任何报酬，每次上课的时候，她都会事先给学生准备好谱子和相关的材料。她的备课非常认真。

在她担任中央音乐学院歌剧系领导的时候，她特别能够团结同事，给歌剧系营造了一个非常愉快的工作环境。歌剧系刚刚成立的时候，白手起家，蒋老师不仅仅用她丰富的学识感染着学生们，也用她的人格魅力带动着全系的老师们。成立时间并不长的歌剧系后来排演了三部歌剧，分别是《费加罗的婚礼》全剧、《茶花女》选场和《伤逝》全剧，即便是在今天，这也是一个不小的成绩。这些演出在当时产生了巨大的社会影响，尤其音乐界反响强烈。这些学生后来工作分配也非常顺利。歌剧系培养了不少非常出色的歌剧和声乐人才。她们现在都在国内外的重要艺术岗位上发挥着骨干作用。

我认为，蒋老师是专家中的学者，她在生活中十分简朴，几乎是将全部的注意力都放在她的事业上。她是德国艺术歌曲方面的专家，被我国声乐界誉为欧洲古典艺术歌曲的权威，她毫无保留地把自己广博的知识传授给了学生。并且，更加重要的是，她全面的修养时时刻刻熏陶着她的学生。

与郭代昭合影

    我在这里想更多谈谈蒋老师的做人。作为老一辈教师，蒋老师有着她那个年龄段的老师的优秀品质，这种品质就是顾全大局、精益求精、严于律己、宽以待人，而教育事业正是需要这种职业精神传承的，这方面我觉得蒋老师是我学习的榜样。

    蒋老师出身名门，学养深厚。但是，不论是周围的工人师傅，还是学校的行政人员，蒋老师都对他们一视同仁，保持着良好的亲和力。她从来不以钱学森夫人自居，越是对待基层的群众，她越是关怀备至。没有架子，从来没有听到她说起她的家世。她出身名门望族，她的父亲是在中国近代史上很有影响的历史人物蒋百里，虽然有一度我们的历史书上很少提及他，但是，在民国史越来越受到重视的今天，很多年轻人都知道蒋百里的大名。同时，蒋家和钱家的联姻也被视为百年佳话。不了解蒋老师的人几乎都不大知道蒋老师的世家渊源。与此相对的是，她讲的更多的是国家，是集体，是艺术。

　　在我看来，蒋老师就是一个典型的纯粹的人，一个脱离了低级趣味的人，一个优秀的共产党人，所以，在她去世的时候，她的身上才会覆盖着中国共产党党旗，她配得上这样的荣誉。无论是面对人，还是面对事情，她都显得特别简单，因为她总是往好的方面去想。对国家是这样，对个人也是这样。

　　蒋老师总是尽量不给组织添麻烦，她的身体不是很好，患有顽固性神经头疼，她的工资大部分都用于医药费的开销。可是，当她了解到有的工人师傅患重病，家里有困难的时候，她都主动给予经济上的帮助。长期以来，她对周围的同事都非常关心，尽管她退下来好多年了，她每年都会去专门看望生病多年的周佳丽老师，还提醒周围的同事多关心孤身一人的周老师。周佳丽老师1984年就退休了，她的儿女不在身边，她和老伴体弱多病，在住进养老院以前，她家的楼房没有电梯，蒋老师每年去看望周老师的时候都是从一楼走到四楼，26年来没有间断，一直到蒋老师2011年90高龄的时候依然到养老院看望比她还小几岁的周老师。尽管蒋老师也是长期患病，可她总是首先想到周围的老同事，她每个月都会给周佳丽打电话，询问周老师的身体情况。她总是关心身边的同事们。她在政治上理应得到比现在更多的荣誉，但是，我没有听到过她有任何的抱怨。

缦怀蒋老师的时候，我就在想，她给我们留下的不仅仅是艺术教育上的成就，更加重要的恐怕是，她的优秀品质在影响着很多人。特别是在改革开放的今天，市场经济改变了很多东西，但是，如何做一个出色的人民教师，如何在物欲横流的社会中坚持教育者的社会责任，如何能够把艺术上的心得毫无保留地传授给自己的学生，如何在艺术上精益求精和心无旁骛，如何把对祖国和人民的爱凝聚为朴实无华的事业奉献，这些都是蒋老师留给我们的宝贵财富。她确实是名副其实的德艺双馨。

怀念

HUAI NIAN
JIANG YING LAO SHI

蒋英老师

和蒋英老师相处的日子

甘家馥

　　我和蒋英老师认识已近四十年了，从1973年中央音乐学院与中国音乐学院合并以来就在一起共事，和蒋英老师的友谊一直延续至今。虽然她已逝世两个月了，但在我家里她送给我的花还开得依然茂盛，就好像她还一直生活在我们身边。她给我的贺卡、信件、明信片以及生日照都历历在目。

　　我与蒋老师相处多年，她对我特别地信任和关爱。记得1990年在编写《中国近现代音乐家传》的时候，蒋英老师就委托我和高芸老师为她写传。我要完成此项任务有一定的难度，但她还是特别

2001年
游广州市公园

信任我。其中有一篇题为《海外留学二十载 回国贡献四十春》的文章，在完稿的时候由蒋英老师来审阅。1978年中央音乐学院歌剧系成立，就在那时我和梁艳老师一起介绍她入的党。在写这篇文章的时候我主要侧重的是她取得的艺术成就和教学成果，没有提到她入党的事。后来，她专门到我家去找我，她问我："入党的事怎么没有写上？"我说："这也要写吗？"她说："要写，这是我一生中的大事。"事后我更体会到了在她的心目中共产党的位置何等之高啊！

我曾问过她："钱老和你在国外这么多年，生活条件比国内优越，为什么要回国呢？"她说："就因为我是中国人。"所以我觉得钱老在当时的逆境中能回国，和蒋英同志的人生观、价值观和政治取向是分不开的。因此在文章中我就加了这样一句话："因为蒋英政治上的成熟，坚定了钱老回国的决心。"

1978年她入党的时候，同时也承担着学院歌剧系副系主任的职务。她的领导才能、工作热情、教学理想、艺术实践都得到充分的发挥。她非常注重对教学集体的建设，她主导的教研室活动、教材选择、因材施教和教学的循序渐进的方法都特别具体和扎实。当时规定每一位老师要带一位青年教师，只要是系里的教学汇报（包括副科和形体、戏曲、表演课等），她要求所有教师都要去观摩，这样把一个教学集体搞得红红火火。她因为爱国所以爱党，成为党员后她以真诚的态度依照党的方针去工作，对党的事业忠心耿耿、热情执着，对党的感情真挚而纯真。她在思想上是一个很传统而正派的人，她一生都为人清廉。记得一次在学校里打扫教室卫生，她把头巾一戴，罩一件蓝布衣服，不怕脏、不怕累，甩开膀子大干了一场。1978年后，我们搬到南院，学生没有宿舍，我们就现盖学生宿舍。蒋英老师和学生同吃、同干，从她身上一点也看不出是出身名门的知识分子的影子。她曾和我说过曾经由上级部门安排她和钱老一起到镜泊湖去休养度假，当时她很想提前回来。她说："花国家这么多钱我们过意不去。"并建议钱老不要再去休养度假了。从这一系列细小的事情我们可以看出蒋英老师的思想品德是很高尚的，她想到的是广大的人民群众的利益，体现了当今"三个代表"的要求。他们是老一辈爱党、爱国的中国知识分子的优秀榜样，身体力行地树立起一个真正共产党员的光荣形象。在告别仪式上，她身上覆盖着党旗，她是受之无愧的。

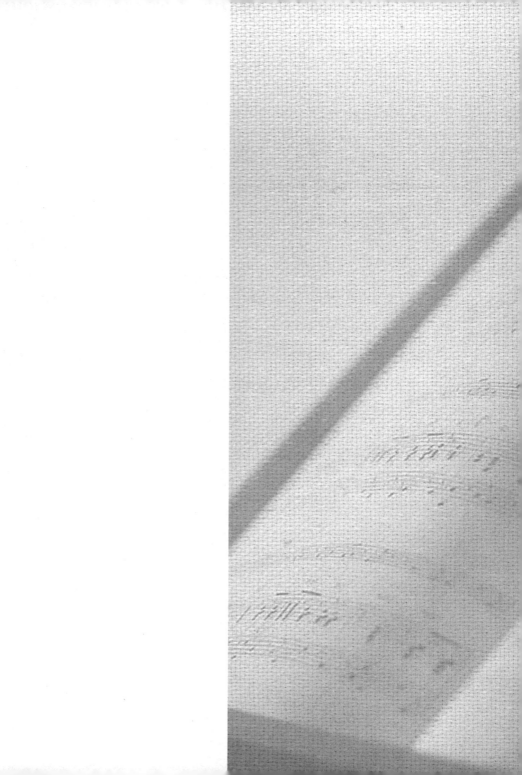

怀念

HUAI NIAN
JIANG YING LAO SHI

蒋英老师

学生篇

祝贺八十华诞

为九十老人做寿

为九十老人做寿

好友们的祝寿

2008年同事和学生给蒋教授过生日

缅怀蒋英教授

——在蒋英教授追思会上的讲话

张立萍

今天我们共聚在此，缅怀我院杰出的艺术家、声乐歌剧系最敬爱的蒋英教授。学习蒋英先生鞠躬尽瘁的高尚品德，感激她对我国音乐事业和我院声乐歌剧系的发展所作出的巨大贡献。

蒋英先生于2012年2月5日伴着亨德尔庄严、高贵、安详、和谐的音乐，与她相濡与沫、同舟共济、相伴一生的钱老在天国相聚去了，为我们留下了无尽的哀思。今天我们在这里追思蒋英先生充满传奇色彩的一生，缅怀她对声乐艺术事业做出的杰出贡献，学习继承蒋英先生高超的歌唱技艺

生活小照

与丰厚的音乐修养和高尚的人格魅力。

　　蒋老师充满传奇色彩的一生，成就了她歌唱艺术的高峰。她出身名门，从小耳濡目染中国的传统文化，诗词歌赋造诣颇深，16岁赴海外深造，在柏林音乐大学得到声乐系主任海尔曼·拜斯堡教授的真传。海尔曼教授的另一位得意弟子是享誉世界的男中音歌唱家费舍尔·飞思博。蒋教授的声乐学习同样也是师出名门，在德国艺术歌曲、清唱剧和歌剧方面得到匈牙利歌唱家易辽娜·朱立波

2004年学生音乐会
后在舞台上留影

和慕尼黑音乐学院教授，著名瓦格纳歌剧专家安妮·普顿教授的亲临指导。二次世界大战的战火练就了蒋老师战胜困难、忘我学习的坚强毅力，而德国人严谨认真的态度培养了蒋老师终身对声乐教育、教学认真严谨、一丝不苟的治学精神。

1946年蒋英学成回国，她在上海兰心大剧院举办独唱音乐会，技压群芳，1947年与钱老喜结连理。在美国和钱老被软禁五年的日子里，蒋老师用她那羸弱的身躯坚定地和钱老战斗在一起，用她的智慧与勇敢支撑起家庭的重担，用音乐与歌声缓解俩人生活与精神的压力，这些常人难以想象的磨难是蒋老师宝贵的精神财富。

1955年蒋老师与钱老一起回到祖国，以极大的热情投入到建设新中国的热潮中，她作为中央实验歌剧院的演员和教师，上街头下坑道为人民大众演出，虚心地向民间艺人们学习，把自己的全部热情贡献给了广大群众。蒋老师是我国公认的德奥艺术歌曲大家，德奥艺术歌曲的教学在世界各专业音乐学院都是必修的专业课程，她在我国德奥艺术歌曲教材建设上起着开创性的重要作用。在60年代特殊的背景下，她排除困难精心编译出版了舒伯特、舒曼、勃拉姆斯艺术歌曲集，丰富了我国声乐经典教材的建设。

文革后，蒋老师在歌剧系的创建和教学中辛勤耕耘、呕心沥血，取得了累累硕果。她在开设的"欧洲古典艺术歌曲发展史"的讲座中自弹自唱，从歌曲的曲式、和声到诗词节奏、韵律，讲得生动活泼、深入浅出，受到全系师生的热烈欢迎。1989年退休后，她一直没有停止声乐教材的编译工作，直至钱老逝世她还在编译《莫扎特音乐会咏叹调集》，她为我国的声乐教育事业做出了巨大的贡献，她的声乐教育造诣精湛、艺术修养全面、文学功底深厚，采用富于哲理的辩证方法因材施教，培养了很多活跃在国际、国内音乐舞台上，享誉国内外的声乐人才，如傅海静、姜咏等。同时她对我系教师队伍的建设同样功不可没，对赵登营等老师长达十几年的培养和教育，使老师们终身受益。

蒋英先生心地坦荡，淡泊名利。她出身名门，身继望族，早年留学欧洲，学贯中西。在歌剧事业上的声望远播中外，为业内人士所共倾。钱老又是世界顶级核物理学家、国家栋梁、两弹一星之父。如此显赫的家世和辉煌的业绩，而蒋英老师在我们眼里却是一位朴素大方、庄重典雅、慈祥可亲的长者，是一位在大花园里不辞辛劳的园丁和护花使者。她学为人师、行为示范，对工作尽心尽责，一生治学严谨，始终孜孜以求、不为利诱、不畏毁惧，尊人卑己、爱生如子、良师风范。

痛失良师想见音容空有泪，常留艺德欲闻教诲可无声。蒋英老师如今永远的离我们而去了，令我们如此的悲痛。然而，她留给我们的是取之不尽、用之不竭的巨大精神财富，是永存而无比珍贵的。我们永远怀念她！我们永远纪念她！善歌者使人记其声，善教者使人记其志。我们追思蒋英先生就是要把我们的声乐教育事业搞好，完成好蒋英先生未尽的事业。这是我们光荣的使命和无可推卸的责任。让我们努力吧！

怀念

HUAI NIAN

JIANG YING LAO SHI

蒋英老师

孕育我艺术生命的母亲

——追思我的老师蒋英

祝爱兰

　　"爱兰，你来帮我挑选一件漂亮的衣服，过几天……"蒋老师对我说。我猝然从梦中哭醒，泪如泉涌，不能自禁，枕巾已被泪水浸湿。我知道，这将是我最后一次为他老人家挑选衣服了。我多么希望这"最后一次"来得晚些，再晚些，因为，我已习惯了每当她出席重要活动之前，蒋老师总是要我亲自给她穿着打扮。而我也每每兴高采烈地欣然接受这样的任务。然而，今天，我 ……

与祝爱兰、傅海静、
姜咏合影

1974年5月：

"蒋老师，我给你送学生来了。" 张清泉老师将我引荐给了蒋英老师。没想到，这第一次见面，竟促成了我与蒋老师的这一段长达三十八年的忘年交。三十八年在人生旅程中不算短暂，然而我却觉得，我与她老人家之间所发生的一切历历在目，恍如昨日。

我刚进中央音乐学院时，用蒋老师的话说，就是"一张白纸"。在"声乐艺术"世界中，我就像个刚刚咿呀学语，蹒跚学步的婴儿。

与祝爱兰在纽约

是蒋老师用慈母般的细心和耐心，用大师般的知识和方法，把我从一个连什么是"歌剧"都不知道的小姑娘，逐字逐句，一个音符一个音符，一步一步地将我带进了歌剧艺术的殿堂。

在专业学习上，能得到蒋老师的教诲，实在是老天对我的眷顾。在我看来她几乎是无所不能。从什么是西方发声方法的真谛，什么是意大利、法国和德国艺术歌曲的演唱风格，什么是歌剧、清唱剧，到如何唱好中国歌曲，她都能引经据典，逐一详细讲解。不仅亲自范唱，还常常找来大量国内外的文字和录音资料，培养学生的欣赏和鉴别能力。她的严谨而又灵活的教学风格和方法无形中深深地影响着她的学生，这也是我现在教学中取之不尽的源泉。

蒋老师对我可谓是宠爱有加。记得有一次，我学习苏州评弹《蝶恋花-答李淑一》时，由于要用苏州方言演唱，她亲自找到了评弹老艺人，逐字逐句教我。连续几天蒋老师和我一同挤公交车，往返几小时去学习。她也谦虚地和我一起学，就是为了回来后可以继续指导我。她虽然已是卓有成就的歌唱家和声乐教授了，还是一贯保持这种功成不居的治学态度和对学生真心实意的教学热情。我现在常常问自己，我能做到吗？又有一次，由于我连续几次做不到她的要求，而耍起了小脾气，她却很快地原谅了我。对我说："耍耍小脾气很正常，没关系，但是今后咱们还是照常要严格要求自己才对"。她如此豁达，并具有极高的修养，而又非常严谨。因此一直受到学生的爱戴和敬佩，也一直是我学习的楷模。

蒋老师不仅在学业上是我的良师，在生活上，对我也是无微不至地关怀。记得刚分配工作那会儿，我在单位不方便做饭，蒋老师得知后，二话不说，将她的煤气灶给了我。那个年代，煤气灶可是稀罕物，是高档物品，足见蒋老师对我就像对她的孩子一样。去年，我由于身体不适，住了两天医院。她每天给我打电话，详细询问病情，宽慰我，给我减压，并在我出院回到家中时，第一时间来到我家看望我。看到这位行动不便的九十高龄的大教授亲自来到学生家里探视，正在我家做保洁的小时工禁不住赞叹："真没见过如此德高望重的老教授却是如此的慈祥。" 她，就是我心目中的、亦师亦母的、卓有成就而又平易近人的蒋老师。

2011年12月16日：

"祝爱兰在歌剧《钱学森》中成功的扮演了她的老师蒋英，她与蒋英之间的师生情，'母女情'帮助她把蒋英这个人物演绎得栩栩如生，入木三分。她绝对是蒋英这一角色的不二人选。"媒体这样评价我的演出。正如蒋英教授自己所说："要演好我，一定要让爱兰演，她就像我孩子一样了解我。"

歌剧《钱学森》演出后的第二天，我带着鲜花去医院看望蒋老师。由于紧张的排练，有一个多星期没看见蒋老师了，这会儿迫不及待地想见到她，想听到她说："小'蒋英'来啦？有什么好消息？给我带什么好吃的了？……"在她最后六个月住院期间，我几乎每个周末都去陪伴她。即使在歌剧《钱学森》紧张的排练期间，只要有空

生活小照

就去看望她。谈起这部歌剧，她充满期待。对我演唱"蒋英"这个角色，感到无比欣慰。我把歌剧中的主要唱段都轻声唱给她听。当她听到主题曲"钱学森和蒋英的二重唱"时，她说具有浓郁的江南风味，令她回想起了与钱老童年时的两小无猜。她不止一次地对我说："爱兰哪，你一定能在舞台上演好我，我坚信，不过我更希望你在今后的教学上能够超越我，教出更多的好学生。"我深知，在生活中，舞台上和教学中要真正成为"蒋英"，不是会唱歌剧，会教学生这么简单。她的高贵品格和优雅仪态都是源于她的渊博的知识和全面的修养。她对我的希望，就是我今后教学中的动力，鞭策我不断进取，力争像她那样做一个优秀的音乐教育工作者。

2012年2月10日晨：

"蒋老师，你叫我不要为你的离去而悲哀，我会遵照您的心愿，因为我看到了，此时您正与钱伯伯在天堂里亲切地相拥。您美丽的笑容是那样的灿烂、开心。愿你与伯伯在天堂得到永恒的安宁！"。我驻足在蒋老师安详的遗体前，默默地为她老人家祈祷，心如刀绞，欲哭无泪，久久不愿跟她老人家说"再见"。我坚信，她一定会常来"看"我的，因为她临终前深情地对我说过："爱兰，我一定会想着你的，你不要难过……"

我 ……有能力做到不难过吗？蒋老师，亲爱的蒋老师，请你告诉我！告诉我！！告诉我！！！

2012年2月11日，于北京

怀念
HUAI NIAN
JIANG YING LAO SHI
蒋英老师

永记恩师教诲 难忘点滴时光
——蒋英教授对我的教诲和影响

赵登营

8月11日是蒋英教授九十三岁生日。往年此日，我们会欢聚一堂为蒋老师祝寿祈福，这其中有老师的学生、同事：赵庆闰、吴天球、叶佩英、恽大培、高云、张慧琴、甘家鹄、程燕等老师。而今，我只能以一篇短文将心中的思念，献给那远在天国的恩师……

1990年9月，我从中国歌剧舞剧院回到母校任教。我热爱教师这个职业，愿意为之付出辛苦。但老师的称谓与责任，却让我感到前所未有的压力。拜在蒋老师门下，也就成为了我回到音乐学院后

赵登营独唱音乐会后
合影

最为迫切的心愿。10月份，我被学校派去香港演艺学院学习西洋歌
剧课程。尽管两年的学习使我受益颇多，但拜蒋英为师的决心却丝
毫没有动摇。1992年9月回国之后，我马上找到原歌剧系党支部书
记郭代昭老师，把我拜师的迫切心情告诉了她，希望郭老师可以帮
我与蒋老师沟通，郭老师非常赞同我的想法，并表示马上联系蒋英
老师。虽然此时蒋老师已经退休在家，但她经过了慎重的考虑还是
决定见我一面。

在音乐会结束后
与全体演出人员
及领导合影

　　永远记得，那是1992年11月7日，一个周末的下午，我骑着自行车去阜成路8号，途径钓鱼台时，公路两旁茂密的银杏树，在秋日阳光的照射下，一片金黄，我的心立刻被这景象所感动，那是一种前所未有的激动与期盼。轻轻推开老师书房的木门，蒋老师迈着轻盈的步伐来到我的面前，当我握住老师那温暖的双手，望着蒋老师那慈祥的微笑、睿智的目光，我忐忑的心一下子平静下来……

　　"说说你来找我的想法"，坐在老式沙发上的蒋老师开门见山。我说："母校调我回来，是因为教师梯队出现了断档，学院急需称职的中青年教师补充，而自知我的现有水平与这个目标差距很大。找您的目的，就是请您教我这个笨学生，帮我提高水平，尽快成为称职的受学生欢迎的老师。我知道您培养了许多享誉中外的歌唱家，我今年37岁了，期望您把您的声乐理念和教学经验传授给我，把我培养成为一名合格的声乐教师。"蒋老师说："那好啊，我还没有这样的学生呢，你肯学，我就愿意教，以后每周六的上午9点半到11点半就归你了，咱们现在就开始上课。"

　　蒋老师坐在那架陪伴她老人家半个多世纪的斯坦威钢琴前，一个充满激情的和弦弹下去，我的声音一下子从心底飞出，从未有过的自由与解放，从未有过的简单与酣畅，我都不相信自己怎么会发出如此直接与通畅的声音，我第一次被自己的声音感动，被音乐感动……蒋老师的神奇令我倾倒，我意识到，这将是我一生追随的师长。

　　从此以后，我白天在琴房教书，晚上在琴房练唱，完成蒋老师留给我的功课，从亨德尔、海顿、莫扎特到舒伯特、舒曼、勃拉姆斯，蒋老师按照声乐艺术的发展脉络，布置着我要涉猎要掌握的世界经典声乐曲目。不知不觉中，我改变着自己的发声技巧，改变着听觉上的审美，丰富着歌唱的阅历，积累着教学曲目，渐渐地建立了一个辩证立体的歌唱思维方式，掌握了一个个看似简单但非常实用的声乐训练方法。

　　大道至简。一门学问，弄得深奥是因为没有看穿实质，搞得复杂是因为没有抓住关键。蒋老师的教学简单直接，轻松快乐，复杂的发声技巧到了老师这里，往往会以最为简单化、最具可操作性的方式呈现。处处可见，为学日增之后，为道日减的真谛。例如，谈到呼吸，蒋老师说外国人就没咱中国人聪明，我们讲气沉丹田，这个丹田的位置就在小腹肚脐下，你用手一摸就感觉得到，非常容易找到气息的着力点，而外国人讲横隔膜的支持，可谁能摸得到横隔膜呢？讲到打开喉咙，蒋老师放松下巴，头向后仰，让我直观的看到喉咙打开喉头向下放的动作。关于声门机能的训练，蒋老师说中国话说得多好啊，练嗓子练嗓子（用手指着喉头），不就是练这里么？！

　　广博精深虽与大道至简辩证相对，但在蒋老师那里却完美统一。蒋老师教学展现出的治教以情、治学以真，更是丝丝缕缕渗入我的骨髓、我的灵魂，成为我内心永远的记忆和楷模。记得在声音训练的过程中，蒋老师总会提前告诉我，可能产生的音响效果、音色变化以及发声器官的肌体感受。一次训练a母音时，蒋老师说，要发出纯净的a母音可能嗓子会出现不适，出现疲劳，甚至微痛，这都是正常的生理反应，不要紧张，不要怀疑，这说明你声门的闭合能力弱，恰恰需要科学地、适度地练习。最令我难忘的是，我几次上课都因嗓子疲劳而心怀愧疚地来到老师面前，因为我知道蒋老师要花一周的时间为我备课，上不好课我真的对不住她老人家。可奇迹每次都会在蒋老师的课堂上发生：只要我一出声，蒋老师就能敏锐地发现问题，但她不动声色，通过不时地变换练习，找到解决问题的办法，使我重振信心，每次都是以蒋老师满意的笑容结束当天的课程。而每每转天早上，我肯定会接到蒋老师的电话，她老人家告诉我，昨天上课开始为什么声音重，声音沙哑，除了身体上的疲劳，主要原因是练习跑偏了，以后训练时要注意气息放下来，喉咙打开，放低喉位，多发哼鸣和轻声练习。这让我非常感动，我下课了老师还没下课，她的心还在我身上，她在反思问题出现在哪里，是学生出现了问题，还是教法上出现了偏差，通过思考把结果告诉我，嘱咐我在日后的练习中调整方法。

　　1995年3月，在蒋老师的指导下我举办了第一场个人独唱音乐会。音乐会得到了老师和同行的赞许，蒋老师也非常高兴，她看到了我的进步与潜力,更高屋建瓴地看到了我的不足。她要求我大量地阅读世界名著、中国古典文学和唐诗宋词,从中汲取文学修养;她要求我去美术馆看画展,并会身体力行在课堂上拿出她收藏的画册与我分析欣赏,引导我从内心去体验色彩与线条,体验整体与局部,体验意境与布局,丰富我对音乐线条与音乐画面的想象力。尤其在演唱德国艺术歌曲时,她要求我对歌曲的和声、曲式进行分析,了解人声与钢琴的关系;她要求我对歌词进行字对字的翻译,把诗的律动与音乐的节奏巧妙地结合起来,再按照音乐的节奏大声朗读,直到非常熟练自然。

《冬之旅》作为一部声乐套曲,在声乐史上有着重要的地位,世界众多歌唱家都把它视为自己的必唱曲目。从上世纪50年代末,邓映易老师把这部作品翻译出来介绍到中国,一直没有人能用原文全部演唱过。1997年初,我提出想学习演唱《冬之旅》,蒋老师非常高兴。她说这是她的一大心愿,一直期盼傅海静来完成它,可他在大都会歌剧院的演出太忙了,没办法实现。你敢啃这块硬骨头么?我回答:"有您的指导,我就敢。"我们用了两年的时间准备这部作品,其间得到了张慧琴教授的无私帮助,终于在蒋老师八十寿辰的时候,以音乐会的形式作为最珍贵的礼物献给了她

与赵登营在一起

老人家。音乐会得到了德国大使馆文化参赞梅先生、中央音乐学院著名钢琴家周广仁教授、中央音乐学院著名指挥家杨鸿年教授的高度评价，可蒋老师在音乐会后却说："我现在不和你讨论《冬之旅》，你唱十场以后咱们再来讨论。"我自知自己只是照猫画虎地完成了《冬之旅》，对其中的内涵，曲目与曲目之间的关联，故事进展的层次，还有很多欠缺和空白。这些都需要在一场一场的演出实践中，在音乐的舞台上与观众交流的氛围中，不断地去揣摩去感受男主人公的感情发展脉络，不断地去丰满人物形象和情感表达，渐渐地变成一个真实的自我，才能在舞台上充满人性地去演绎这部世界佳作。

2000年起，我开始了各地的巡演。2007年1月12日，我在德国汉堡C·Bechstein钢琴艺术中心与张慧琴教授举办了《冬之旅》音乐会，取得了圆满成功。汉堡大学音乐学院的一位教授赞叹说："一个中国音乐家，把《冬之旅》演绎的如此字正腔圆，出神入化，实在让人难以相信。"汉堡国际音乐学院的院长称："两位中国教授的演出，用德国的标准来衡量，亦属于极高的艺术水准，值得德国同行借鉴。"在德国的成功演唱，让蒋老师非常高兴、非常开心，我回国的当天下午，她老人家就迫不及待地与工作人员来到我家，送来了一盆郁郁葱葱的榕树盆景，并给我提出了一个问题："舒伯特写的《冬之旅》男主人公为什么没有选择死亡，而是与摇八音琴的流浪艺人浪迹天涯？"这也是我苦苦思索不得其解的问题。如今老师留下的盆景生意盎然，但恩师已去……我想告诉敬爱的蒋老师：流浪者在老艺人的伴奏下，用自己的歌声向世人倾诉心底那份纯洁的爱情，他要告诫人们不要因为物欲而玷污那份纯洁的人间大爱。

2008年的春天，蒋老师交给了我一个任务：希望我的学生演唱一场十位德国作曲家的艺术歌曲音乐会，展示和介绍德国艺术歌曲的发展和历史。蒋老师把她自己保留的20多年前关于德国艺术歌曲讲座的录音交给了我，在这个录音里蒋老师指出，产生于18世纪末19世纪初的德国艺术歌曲是德国音乐文化继交响乐、奏鸣曲、古典歌剧、室内乐之后又一新的艺术形式，是对人类音乐文化的又一重大贡献。它的特点是把诗词与音乐融合成为完整的一体，它比一般的民歌、一般的歌曲造诣更高，为这种艺术形式的发展，开辟了途径。并且它打破了封建主义对音乐的禁锢，走出教堂和宫殿，进入了家庭和爱好者的集会，进入了更广大的社会活动范围。

维也纳古典乐派的三位大师海顿、莫扎特、贝多芬的主要创作范畴虽然不是艺术歌曲，但他们在这个领域创作了具有重大意义的作品。海顿在他晚年才接触到这个形式，他的部分歌曲仍旧保留着清唱剧的形式，和声和节奏都很简单，旋律的进行优美流畅，从前奏和间奏部分都能令人感受到这位音乐家的特点，他用朴素的民歌手法，谱写"上帝保佑普兰茨皇帝"（Gott erhalte Franz den Kaiser）被选为奥地利的国歌。"赞颂懒惰"（Lob Der Faulheit）是一首分节歌，带有低音色彩的讽刺，歌曲流传很广。海顿用英语谱写的歌曲达到了较高的艺术水平，其中最著名的有"美人鱼之歌"（The Mermaid's Song）、"灵魂之歌"（The Spirit's Song）、"水手之歌"（Sailo's Song）。海顿的作品在声乐的教学中是最适用的初级教材。

莫扎特一生写了三十几首歌。"渴望春天"（Sehnsucht nach dem Frühlinge）是一首儿歌，分节歌。"露易斯烧完了她负心人的信"（Als luise die Briefe ihres ungetreuen Liebhabers verbrannte）和"致克洛埃"（An Chloë）都是短小的精品，有严谨的节奏，流畅的旋律和丰富的和声与调式变化。"傍晚的心情"（Abendempfindung）用庄严协调的音乐语言描绘渴望得到永久安宁的心情。为歌德的诗谱写"紫罗兰"（Das Veilchen）是早期艺术歌曲中最完美的创作，歌曲使用连贯式谱写的人性化了的紫罗兰形象。它的想象，它的遭遇，用调性的变化，大小调对比，如饥似渴的道白表达得如此逼真，为艺术歌曲开拓了发展的道路。

贝多芬的歌曲更深刻更宽广地表达了人类丰富的精神世界。"我爱你"（Ich liebe dich）表现了忧伤中的喜悦，"在阴暗的坟墓里"（In questa tomba oscura）、"阿德拉伊德"（Adelaide）朴实深情，"致远方的爱人"（An die ferne Geliebte）把歌曲用钢琴间奏联系在一起，探索声乐套曲的形式。贝多芬善于表达庄严，有哲理的题材，六首"格勒尔特"（Ⅵ Lieder von Gellert）和"致希望"（An die Hoffnung）是他成功的作品。贝多芬歌颂巍峨的大自然，真诚的友情和对未来的憧憬，联系到人的生与死，问苍茫大地谁主沉浮？答案是用连续进行八度和弦描绘出星光中的漫漫天际，说明人应该充满希望、充满信心。处于萌芽状态的这个思想在他的第九交响乐"欢乐颂"中达到光辉的体现。这个时期的艺术歌曲，开始摆脱外国音乐文化的影响，形成一种具有德国民歌特点的艺术形式，即德国文字的诗歌同德国传统音乐相结合。海顿只是成功地表达了诗的意境，莫扎特作为一个天才的歌剧作家，试探着用它表现人物、剧情。而贝多芬虽然涉及到了人文精神境界，但还是属于探索的过程中，也没有更多的作品，所以说这个阶段他们只是开拓了新形式的发展方向。

　　舒伯特生活在一个资产阶级革命的低潮而暂时出现封建复辟的时代，他把艺术歌曲提高到一个新的水平，在这个领域里开辟了新的天地。舒伯特开创了艺术歌曲的新的形态，和巴赫对古钢琴、海顿对乐队贡献有一样的性质。他的歌曲创作与维也纳古典作曲家的传统、德国浪漫主义诗歌、奥地利民间音乐的元素有着紧密的联系。他从柏林乐派吸取了民间音调、分节歌和较长的叙事曲的创作手法，以及伴奏中不同的音乐图案，并从诗词中得到的启发。他把人物、剧情、自然景色、集中用音乐语言综合为一个完整的整体。舒伯特说过这样的话：我的这些自然景色都是从诗词中得到的启发。舒伯特一生没有机会远游。一直工作生活在维也纳。他出城最远的地方也就是到了奥地利南部山区格拉兹这个小城市。所以他没有看见过高山也没有看见过海洋，他歌曲中的这些自然景色是从哪里来的呢？他都是从诗词中得到启发的。他的作品"大海的寂静"（Meeresstille）几个大胆的和弦就抓住了诗歌的意境，展示在我们眼前的是汪洋大海和无限宽阔的天际。舒伯特对生活的感受与表达如同大多数人对生活的感受与表达一样，所以他的音乐语言容易被人领会，他的音乐善于与人交谈。歌德的诗词代表了时代的新精神，它强调民族的感情、民族的语言，歌颂祖国，歌颂大自然，自由与爱情，舒伯特为歌德的诗谱写了体现时代精神的作品，吸引着当时的进步人士。他的重要功勋之一就是把德国歌曲从外来音乐的影响中解放出来，使它摆脱了意大利、法国学派的音调，而赋予它鲜明的民族色彩。他为米勒谱写的两部套曲《美丽的磨坊女》（Die schöne Müllerin）《冬之旅》（Winterreise）是他的代表作。套曲的主人公在生活道路上追求幸福与爱情，但遭到不幸的结局，这带有自传性的自述，充分体现了真正的知识分子在复辟时代内心的矛盾与苦闷。舒伯特晚年为诗人吕克特和海涅谱写的歌曲，被友人们收集在一起命名为"天鹅之歌"（Schwanegesang），套曲具有深刻的思想内容和完美的艺术表现。舒伯特音乐语言的发展，是他深刻探讨抒情性刻划手法的结果，这说明他力求用更新更宽阔、更细腻的手法来表达人类丰富的精神世界，从明朗的田园抒情性到浑厚深刻的悲剧性，歌德的诗词在舒伯特的音乐创作中占有特殊的地位如："野玫瑰"（Heidenröslein）、"纺车旁的格丽卿"（Gretchen am Spinnrade）、"魔王"（Erlkönig）、"流浪者"（Wanderers）、"佳尼美"（Ganymed）。

舒伯特的器乐作品充满了声乐歌唱性的语言，而舒曼的声乐作品则充满了器乐旋律性的语言。它给钢琴伴奏更多的独立性，并很巧妙地发展了前奏、间奏、尾奏的表现力。"诗人之恋"（Dichterliebe）中"琴声悠扬"（Das ist ein Flöten und Geigen）这首作品好比一首钢琴的独奏曲，歌声反而作为一个观望者的旁白，用带旋律的朗诵在叙述。舒曼的创作创新了音乐语言：有旋律的朗诵，复调和短小乐句的运用，在当时都是很新颖的。在舒曼纤细的笔触下，诗词细微的变化，都能用音乐的语言表达出来的。舒曼大大扩展了歌曲的创作手法，为后来者开辟了新的宽阔的途径。他为海涅谱写的《诗人之恋》（Dichterliebe）和为艾辛道夫谱写的歌集为夏米索谱写的《妇女的爱情与生活》（Frauenliebe und Leben）是他的代表作。"月夜"（Mondnacht）、"核桃树"（Der Nussbaum）、"春夜"（Frühlings Nacht）是优雅抒情的作品的代表，"两个禁卫兵"（Die beiden Grenadiere）、"玩牌的女人"（Die Karten Legerin）属戏剧性的典型代表。

门德尔松谱写的都是短小的歌曲，音乐始终站在首要地位，没有戏剧性，也没有人物，曲中的和声与调性变化都是与诗词没有联系，所以可以称做为没有歌词的歌。他早期的歌曲在巴黎出版时，对法国艺术歌曲的发展起了很大的促进作用。当时他的歌曲风靡一时，但没有给后人留下太深刻的印象。"致远方的人"（An die Entfernte）、"致月夜"（Nachtlied）、"苏莱卡"（Suleika）是他比较优秀的作品，"乘着歌声的翅膀"（Auf Flügeln des Gesanges）是我国家喻户晓的作品。

在这段德国艺术歌曲的发展时期，舒伯特最深刻地掌握了艺术歌曲的精髓，做到了用音乐去加强诗词的感染力，而文字又解释了音乐语言的魅力，从而使德国艺术歌曲达到了前所未有的高峰。

舒曼略微偏重于文学，但他没有失去平衡，为艺术歌曲发展做出了重大贡献。门德尔松则在自己所偏重的层面影响了后人创作。而这个时期钢琴构造的改进和演奏技巧的提高也大大加强了艺术歌曲表现力。

　　勃拉姆斯把19世纪的艺术歌曲又推向了一个高峰，勃拉姆斯在音乐语言上继承了舒伯特的传统：宽阔的大线条旋律经常用饱满浑厚的低音衬托。他最喜欢运用传统的分节歌，在中间部分穿插着各种节奏音响的变化，和贝多芬一样，勃拉姆斯收集了民歌，为它们谱写了具有高度艺术性的伴奏。其中有许多珍品，例如"在安静的夜晚"（In stiller Nacht）、"小姐姐"（Schwesterlein）。他还写了民歌式的歌曲，例如大家熟悉的"摇篮曲"（Wiegenlied）、"星期日"（Sonntag）、"徒劳的小夜曲"（Vergebliches Ständchen），可以看出他创作歌曲的源泉深深地扎在民歌之中。勃拉姆斯在自己的歌曲中，抒发了那个时代中知识分子的思想感情：时而心情沉重，时而忧伤，时而投入大自然的怀抱，对生活充满了希望。抒情优美的"原野的寂静"（Feldeinsamkeit）"就像那轻柔的旋律"（Wie Melodien zieht es mir）和欢乐明朗的"牧歌"（Hirtenlied）都是他成功的作品。和浪漫主义的诗人一样，他也喜欢中世纪的题材，如他为契克谱写浪漫组曲"美丽的玛加洛娜"（Romanzem aus Tieck's Magelone）。但是他感人至深富有思想性的作品是"在坟地"（Auf dem Kirchhofe），"死亡好比凉爽之夜"（Der Tod'das ist die kühle Nacht）。"四首庄严的歌曲"（Vier ernste Gesänge）是他临终前一年的作品，在这里音乐不仅诱发激情，而且震撼思想，这里有严谨的结构。有威力的音响、对位的追逐和复调的埋伏，继贝多芬之后，勃拉姆斯更深刻地把音乐和人的思想境界联系在一起，把艺术歌曲推到表现哲理的高度。

沃尔夫艺术歌曲创作特点是把诗词的内容和语言与音乐紧密地结合在一起，使之融为一体，达到一种新的境界，是诗中有歌，歌中有诗。他创作的方法是一个时期以一个诗人的作品为中心，如"默理克歌集"、"艾森道夫歌集"、"歌德歌集"，以及为国外诗词谱曲的"西班牙歌集"、"意大利歌集"。沃尔夫很熟悉古老传统中的四部合唱和器乐重奏，他把对位精巧绝妙地运用在歌声与伴奏之中，形成他独特的风格：即把对位运用在歌曲与钢琴之中。这是他独特的风格，同时他把瓦格纳的歌剧创作原则，运用到歌曲中来，强调诗歌中人的个性，给艺术歌曲带来前所未有的戏剧性。也正是这个原因，他离开了抒情的德国诗歌，在翻译外国诗歌中去寻找异乡风格的曲调。沃尔夫歌曲大致可分为两大背景，一种是音乐语言欢快，明朗，接近民歌充满生活的气息，例如默里克歌集中："漫游"（Fussreise）"园丁"（Der Gärtner）。它有朴实的民歌音调，钢琴伴奏有独立的主题和独立主题的展开部分，真实地烘托出内容的变幻，如"西班牙歌集"（Spanish Song book）中充满了南国的风光和吉它、小手鼓以及西班牙舞蹈的节奏，活泼又幽默，其中一首"在我的卷发影子下"（In dem Schatten meiner Locken）歌词的每一个思想变化都是用调性的变化来形容的。钢琴伴奏的表现力通过各种技巧的运用，达到充分的发挥。第二类为表现人物感受和精神境界的作品"被遗弃的少女"（Das verlassene Mägdlein）它以细腻的色彩描绘出孤独的少女在晨曦中捡柴取火的凄凉。歌德歌集中"佳尼美"（Ganymed）、"普罗米修斯"（Prometheus）、"人类的渺小"（Grenzender Menschheit）是代表作。"佳尼美"讴歌明媚的春光。"普罗米修斯"钢琴在五彩缤纷的和声中歌唱。"人类的渺小"用音乐的语言注释了歌德哀叹在巍峨的大自然的面前人的渺小。沃尔夫和舒伯特一样，着重用庄严和谐宽阔的笔触，描绘出幅幅壮丽的画面，给人一种心旷神怡的感觉。在这三首歌中沃尔夫以高度的戏剧性手法，刻画了震撼人心的反抗精神。

马勒喜欢用乐队为他的歌曲伴奏，他一方面运用乐队的交响性来创造戏剧性的同时，用一件乐器的独奏来创造必要的抒情。他用的是大乐队，但是他总是突出某一件乐器以独奏的旋律达到色彩的变化和情绪上的多样化。"少年神奇号角"（Des Knaben Wunderhorn）题材取材于民间诗歌，显示了他对民族语言、民族音调的喜爱。"漂流者之歌"（Lider eines fahrenden Gesellen）"孩子们的挽歌"（Kinder Toten Lieder）是他成熟的作品充满了内向的激情和悲悯。"大地之歌"（Das Lied Von der Erde）取材于德国诗人汉斯·贝尔格自由翻译的唐诗，这是有六个乐章的交响乐套曲。马勒的"大地之歌"与舒伯特的"冬之旅"有相似的地方：追求光明，渴望幸福，对现实不满而感到孤独无力。用温柔的摇篮曲暗示送葬曲的进行，抒发了作曲家愤世嫉俗、渴望辞世长眠的消沉情绪。

理查·施特劳斯在他的艺术歌曲创作上，力求与德国古典传统保持密切的联系，"清晨"（Morgen！）、"黄昏之梦"（Traum durch die Dämmerung）、"你是我心上的皇后"（Du meines Herzens Krönelein）都有优美流畅的旋律，"小夜曲"

（Ständchen）、"秘邀"（Heimliche Aufforderung），有华丽的钢琴伴奏，是最有舞台效果的名曲。他还善于写诙谐、轻飘、欢快的歌曲，如"坏天气"（Schlechtes Wetter）、"我所思念的姑娘"（All mein Gedanken）。继马勒之后，他的许多歌曲都是用乐队伴奏的。施特劳斯在去世前一年创作的四首歌被人命名为"最后的四首歌"（Vier Letzte Lieder），其中心思想是在人生开拓的道路上走到尽头，借秋末黄昏抒发自己渴望永久的安宁。曲中彩虹般的连唱在宽阔的音域中运行，表现了夕照清明一片安详和谐的景象。他用细腻的笔触赋予乐队丰富透彻的和声，是他的成功之作。这个时期的艺术歌曲打破了室内乐的局限进入了演奏大厅。

蒋老师给我的任务是沉甸甸的，是有学术分量的，我会尽最大的努力不辜负老师对我的期望，在条件时机成熟的时候把这场音乐会办好。

从1992年到2012年，二十年来我与蒋老师亦师亦友，情同家人。作为歌唱家，蒋老师创造了享誉世界的辉煌；作为教育家，蒋老师又为世界声乐输送了中国的骄傲。蒋老师走后我一直在思考，老师留给我最宝贵的东西是什么？我要继承老师的衣钵是什么？我想除了蒋老师人格魅力、学识造诣是"学高为师，身正为范"的真正典范，更应该是对声乐艺术的热爱、传承与求索。做一名好老师，要用心帮助学生建立清晰的歌唱理念与良好的歌唱心态，明确告诉学生存在的问题和解决的方法；要保护学生的歌唱天性，开发学生的歌唱潜质，使学生在快乐中获得歌唱的自信；要不断学习新的知识、新的理念，活到老学到老，勇于修正自己的偏颇与不足。

蒋老师的谆谆教诲将永远鞭策我，她老人家的治学精神将永远激励我，使我在探索声乐教学与演唱的道路上，不敢怠慢、不敢懒惰。我会永远以蒋老师为楷模，不断追求、不断进取，努力做学生的好老师。

怀念

蒋英老师

蒋英先生到底给了我什么？

——采访赵登营教授

陈岭 张洁

　　原中央音乐学院著名声乐教授蒋英先生于2012年2月5日逝世，两周年过去了，对于这样一位在中央音乐学院有着崇高威望的声乐教育家，曾培养过傅海静、祝爱兰、姜咏、杨光等众多国际声乐大奖获得者的真正的声乐大师，国内德奥艺术歌曲教学的顶尖权威声乐教授，我们该以什么来缅怀纪念她呢？从媒体获悉，2013年4月4日，中央音乐学院声乐系赵登营教授组织了一场由中央音乐学院院长王次炤亲笔题词、由赵登营的学生们演出的"纪念蒋英教授逝世一周年——从海顿到理

接受中央电视台
音乐频道采访

查·施特劳斯德国艺术歌曲音乐会"，"音乐会上十位学生的演唱，
很好地体现了蒋英—赵登营的师承体系"，而我知道，赵登营教授
早年在中央音乐学院先后师从黎信昌、吴天球教授，从1992年开
始，她拜于蒋英先生门下重点研习欧洲德奥艺术歌曲的演唱和教
学近20年之久。现如今，赵登营教授形成了一套行之有效的教学方
法。他所教授的学生，多人多次在国际国内声乐比赛中获奖，并成
为国家艺术团体、艺术院校的骨干力量。他本人也多次在新加坡、

北京、山西、河南、湖南、山东、天津等地成功举办赵登营学生音乐会,《音乐周报》曾刊登文章给予高度评价。难能可贵的是他在国外演唱的德奥艺术歌曲还得到了德国本土音乐专家的极力推崇和赞赏。他多次被邀请到各地艺术院校讲学,受到老师、同学们的热烈欢迎。他是现今中央音乐学院声乐系杰出教学骨干力量之一。鉴于此,笔者和同学张洁专程来到北京访问了中央音乐学院著名声乐教育家赵登营教授,我们带着"蒋英老师到底给了你什么?"这样一个命题对赵登营教授进行了专访,参考了相关文献,以下文字算是对上述问题的回答(以赵登营教授的口吻)。

蒋英先生给了我德奥艺术歌曲演唱和教学的衣钵

我1983年毕业于中央音乐学院声歌系,先后师从著名声乐教育家黎信昌教授、吴天球教授。毕业后又得到中央乐团声乐指导吴其辉先生的热心指导。1990年赴香港演艺学院学习,在艺术指导高登·坎贝尔(Gordon Kember)先生的指导下学习西洋歌剧课程,1992年获高级歌剧表演文凭后回到北京,回到中央音乐学院以后,我就对蒋英老师讲:"我想做您的学生,我想当老师,您培养了那么多歌唱家,您就把您的教学经验传给我吧。"我的理念很简单:

"当一个合格称职的老师"，我当时就是抱着这样的理念拜在了蒋英老师门下。

我在中央音乐学院做学生的时候就知道，中央音乐学院声乐系最有学问的就是蒋英老师。有个实际的例子，大概是1984到1985年，蒋先生在歌剧系举办"欧洲艺术歌曲讲座"的时候，当时沈湘老师坐在第一排，而且还是带着录音机来听的。蒋英是真正的国内德奥艺术歌曲的专家，因为她旅欧期间掌握了大量的德国艺术歌曲、法国艺术歌曲、清唱剧、受难曲、弥撒等室内乐作品，同时对古典、浪漫时期以及现代的歌剧作品也有深入研究；为了学好艺术歌曲和歌剧这两门与文学紧密结合的音乐形式，她又阅读了大量的欧洲古典文学名著，打下了丰富的文学基础，为日后从事声乐表演与声乐教学奠定了全面深厚的人文素养。她说："历史上的记载告诉我们，名歌唱家都不仅限于声乐一门知识，他们往往具有多门艺术的修养。"她曾在一篇文章中以艺术歌曲为例说："艺术歌曲是唱出来的诗，以歌声来加强诗的感性，诗中有歌，歌中有诗。"这是她对声乐艺术的深刻理解，也是她对自己的严格要求，用她自己的话说就是声乐家要能成为"歌吟诗人"，与戏剧家瓜里尼（Battista Guarini，1538~1612）所说的"音乐是诗的同胞兄弟"不谋而合。

与赵登营等
合影

所以沈湘老师就讲："只要是欧洲的这些东西，欧洲的这些声乐作品，蒋英老师点头了就应该八九不离十了。"

　　1992年我开始跟随蒋英老师学习，大概学了两三年，唱了很多作品以后，蒋老师就让我试唱《冬之旅》。大概花了两年的时间，我把它攻克下来了。完成的时候，正好是老师的80大寿，我唱了《冬之旅》。国内声乐评论家说这应该是中国声乐家在中国首次全部用德语来唱。德国驻华使馆文化参赞梅先生称赞道："清晰、准确的语言和富有表现力的歌声令人感动。"著名钢琴家周广仁教授称赞我的演唱在旋律与歌词诗意的完美结合上诠释得恰到好处。2007年1月12日我在德国汉堡Beschtein钢琴中心演唱了《冬之旅》声乐套曲音乐会。德国的观众用"不可思议"来评价这场音乐会："赵教授用他那热情、有力与富于表现的声音，准确的风格、清晰的德语，与钢琴家张慧琴教授默契配合，水乳交融，满足了艺术的最高要求，使在场的观众为之倾倒而鼓掌欢呼。"还有一个汉堡的教授跟我说："我一直教来汉堡学习的中国人唱歌，我觉得他们唱歌缺少表现，缺少感情，不理解德国艺术歌曲，我希望他们像你这样唱，为什么他们就不能像你这样唱呢？"我想这一方面是蒋老师她这本身的教学理念，另外就是她深厚的文化底蕴。她是用"两条腿"走路的：一个是她在国内受的包括他们家庭"中国传统的文化、国学对她的影响"；另外她去欧洲学西洋文化。她说："你唱德国艺术歌曲，你就用唐诗宋词，起承转合。中国诗歌的想象力比德国诗歌不知道丰富多少，他们的简单些，他们的薄些，咱们的理解比他们深厚和丰富多了。"随后我陆续在新加坡及全国各地音乐学院、艺术院校演唱舒伯特《冬之旅》声乐套曲音乐会20余场，好评如潮，被新闻媒体誉为声乐演唱的一次"壮举"。

2013年4月4日，我组织了一场由中央音乐学院院长王次炤亲笔题词的、由我学生演唱的"纪念蒋英教授逝世一周年——从海顿到理查·施特劳斯德国艺术歌曲音乐会"，很多人听完之后都很感动。吴天球教授跟我说："蒋老师没有白教你。"钱永刚也说："蒋老师没白教你。"我觉得有这一句就够了。景作人在2013年的第6期《歌剧》杂志上对此音乐会还专门撰文说道："赵登营从蒋英教授那里学到了德国艺术歌曲的演唱方法和教学经验，当晚音乐会上十位学生的演唱，很好地体现了蒋英—赵登营的师承体系，他们声音纯真、演唱规范，听得出来在此下了很大功夫……我国的音乐学院教育，过去曾忽视过艺术歌曲教学，而今，这种偏激的现象得到了很大的纠正，通过本场音乐会，人们真正看到了这方面的长足进步。"应该说我在努力把蒋老师的教学理念传承下来。对于我来说，我没想到创新，而是要继承老师的衣钵。我们现在太多地去讲创新，创新的基础是传承，没有传承那创什么新呢？

　　蒋英先生给了我一副非常好的、非常准确的耳朵

　　从事声乐教学，最重要的是得有一副好耳朵，非常敏锐的耳朵。这耳朵有个分辨力，什么声音是好声音，什么声音是不好的声

音,要在别人听不出来的时候听出来。比如,声带的宽窄、力度,声带的闭合是否完全等,这些一般只有经验丰富的教师的耳朵才能听出来。所以作为一个声乐教育家,他能够将他的学生训练出一副非常敏锐的耳朵,这是至关重要的,接下来才有可能谈到你的技术,才可能谈到语言。所有这一切都跟耳朵的分辨力有关系,你得听得出来,你得分辨得出来。如果你分辨出来,它就跟精度非常大的放大镜一样,别人的是10倍的,而你的是1000倍的,你想想这差别有多大。蒋英先生走了以后,有一个星期我都把自己关在屋子里苦思冥想:老师到底给了我什么?想来想去,除了前文所说的她给了我得到艺术歌曲的衣钵外,耳朵,一副好的耳朵,对音乐有非常敏锐的听觉(我们称为"音乐耳朵"、"教师的耳朵")的耳朵,这比有"好嗓子"更为重要。因为音乐是听觉的艺术,在许多方面是要凭听觉判断的。没有对音乐特别敏锐的耳朵是难于从事声乐教学工作的。

蒋英先生崇高的师德和无限的人格魅力对我的影响

蒋英指出,艺术的目标是向观众传递"真"、表达"善"、展示"美",所以作为一个艺术家,他的灵魂也应该是至真、至善、至美的。"真、善、美"是蒋英声乐观的核心，是她音乐人生中一以贯之的品质。她坚决反对"为金钱而艺术"等功利化、庸俗化的价值取向。1958年，她在一篇文章中，针对"西欧声乐史中最杰出的男高音"、意大利著名声乐家卡鲁索（Kalusuo Erico Caruso，1893~1921）英年早逝的不幸命运，指出"生活在'为金钱而艺术'的社会中是不会舒服的"，因为卡鲁索选择的是一种资本主义方式的奢侈生活，并且对于怎样把积累的经验传授给下一代没有兴趣。从这篇文章我们可以看出，蒋英除了对卡鲁索作为意识形态悲剧的牺牲品而惋惜，更多的是对他功利主义艺术取向的鞭挞和不齿。

蒋英20世纪80年代中期就从中央音乐学院退休了，但她从未停止教学。她所教过的学生绝不仅仅是课堂上的那几个，还有许多慕名而来登门求教的学生，以及学生的学生，且从来不收取任何学费。她是用爱心在教授学生，师生之间没有金钱契约，而且蒋英认为，声乐教学过程中，教师和学生的关系应该是朋友式的、融洽的师生关系有利于学生在声音矫正、视唱练耳等过程中建立自信，认同并主动配合教师的指导，从而推动教学活动的顺利开展。同时，良好的师生关系还有利于形成百家争鸣的氛围，在个性展示中统一认识，比单纯的说教更有成效。

晚年照
（赵世民摄）

"以爱育爱"是蒋英声乐教学中深邃人文情怀的体现。蒋英是一位关怀备至的师者，对待学生视如己出。她与学生之间没有肤浅的金钱契约，只有深厚的师生情谊。先生的教学是整体教学，用辩证的方法，给人立体的感受，用情感调动我们所有的器官，让我们有唱歌的欲望。可以说，蒋英德艺双馨、为人师表，堪称声乐艺术家的典范，这就是"师德"。至今记得蒋老师给我上的第一课真把我震住了——她往钢琴前一坐，腰板笔直、风度优雅，和弦弹下去，每个音都带着情感——当时她已经72岁了。

　　蒋英在欧洲声乐作品方面是我国当之无愧的大师，但她从不以大师自居，总是以开放的心态了解、学习世界上声乐艺术的最新发展成果。她让自己的学生从国外给她带各种有声资料，进行研究和感受。她那与生俱来的、歌唱家的儒雅、高贵气质，教育家的博大、慈爱的胸襟，有着东西方文化融合贯通造就的独特魅力。

　　在跟老师的接触当中，除了老师的学问以外，老师的言谈举止，甚至老师的服饰，老师的接人待物，老师对儿女的教育，对我的影响也是非常大的。她这么伟大的艺术家、教育家，对子女却平常到不能再平常。所以我一再跟老师讲，您教我的东西使我终身受益。这种终身受益的东西，真的不光是学问，我想还有她的为人，她的价值观，"润物细无声"。因为做学问，最重要回到做人，要回到生活。蒋英先生用她的行动默默地影响着我们。

我一直非常庆幸，只要我有问题，蒋先生都会毫无保留地教导我。我教学中碰到问题的时候，都会去找她：这些曲目合适不合适，这些男生唱合适还是女生唱合适。在作品风格上，她的要求是非常严的。莫扎特的应该怎么唱，亨德尔的应该怎么唱，贝多芬的应该怎么唱，施特劳斯的应该怎么唱，都是不一样的，她恨不得把肚子里的学问全都倾囊而出。其实这些老一代的声乐家都是这样，像沈湘、喻宜萱，这就是他们那一代人的人格魅力所在——无所索取，不求回报——的的确确就像春蚕那样，直到吐完最后一根丝。

蒋英先生曾说过："善歌者使人记其声，善教者使人记其志。"她的这句自勉之辞，是对自己声乐教学工作的严格要求和深刻鞭策，更是对广大声乐教育工作者的谆谆教诲！

（原文刊于《歌剧》月刊2014年3月号，略有改动）

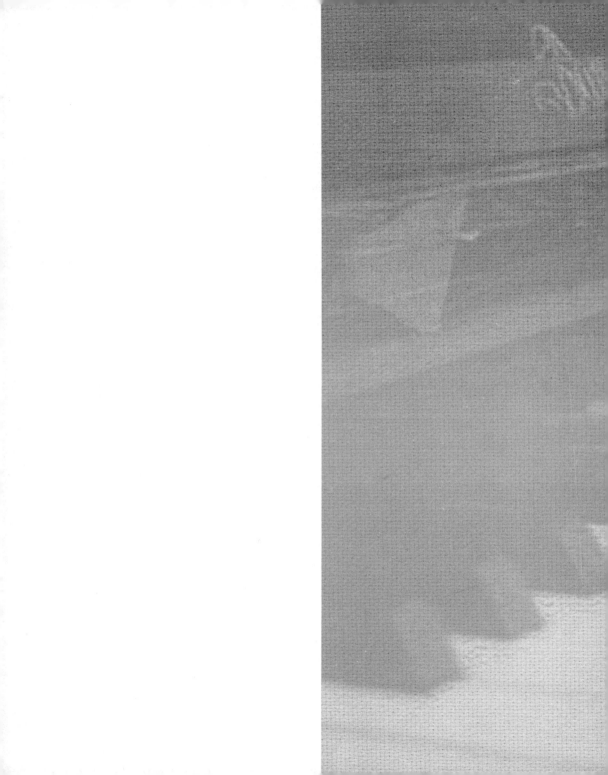

怀念

HUAI NIAN
JIANG YING LAO SHI

蒋英老师

亲友篇

1959年全家福

1993年全家福

2001年游广州市公园

与亲家合影

生活小照

生活小照

生活小照 （成秀兰摄）

我所知道的钱老夫人蒋英

涂元季

2012年2月5日钱老夫人蒋英同志去世了。这位受人尊敬和爱戴的女性在世时曾给了我许多帮助和支持。今天她虽然走了，却令人怀念不已，她的音容笑貌时常浮现在我的脑海中。

记得在上世纪80年代初我刚刚接手担任钱老的秘书工作，尚未来得及去钱老家向她报到，蒋英同志却主动来看我。那时我仍住在国防科工委情报所。一天钱老来情报所开会，当他的车停下后，我和所领导立即上前迎接。谁知钱老刚一下车，蒋英同志接着也从车上下来。司机怕我不认识，立即悄悄告诉我，这是钱老的夫人蒋阿姨。话音刚落，蒋英同志已走到面前并主动伸出手来和我握手。我有点措手不及，但蒋英却落落大度，面带笑容地说："欢迎你涂秘书。"我立即说："蒋教授，我还没去向您报到，你先来看我，真不敢当。"她说："今后我们要在一起工作，不必客气。"我说："从前没做过秘书工作，请您多指教"。她说："我们互相支持，互相帮助吧！"我连连点头，蒋英则和我挥手告别上车走了。

这就是我们第一次见面的情况。那天蒋英穿了一身蓝色涤卡衣裤，矮跟黑皮鞋，与当时一般妇女着装并无二致，只是衣服十分合身，加上她举止高雅，显得非常得体。尤其令我印象深刻的是她那种平等待人的和蔼态度，至今仍历历在目。我当时认为，她是那么高贵的夫人，而我只是一个小秘书，怎么能和人家讲什么"互相支持，互相帮助"呢？

然而，在以后的工作中我才体会到，蒋英说的"互相支持，互相帮助"还真不是一句客套话，在许多情况下我需要她的支持和帮助，蒋英也确确实实给了我许多帮助。这种事很多，不能一一细述，仅以钱老开始拒绝接受霍英东奖金来说，要不是蒋英同志鼎力相助，那后果真是不堪设想。这件事的过程我在《钱学森故事》一书中讲过,这里就不重复了。

　　当然,蒋英在照顾钱老的过程中有时也需要我配合。一次,钱老体温稍高,略感不适,保健医生建议去医院,钱老不同意。蒋英过来劝他,反被钱老说了一顿:"就你和医生事儿多,我好好的,非得折腾,我说不去就不去。"蒋英无奈,只好给我打电话。我匆忙赶到家里,见钱老还在生气,蒋英使个眼色,我便硬着头皮上前劝解。我说:"钱老,照您今天的身体情况看,当然也可以不去医院,在家吃药,没准儿明天烧就退了。但考虑到您年纪这么大,抵抗力大不如前,如果止不住烧上去,明天入院就麻烦了。今天及时去打吊针,也许三两天您就康复回家了。可是,如果耽误这一宿,明天去医院,那就可能在医院折腾您十天半月的。与其如此,我看还不如现在就去医院为好,您说呢?"听我这么一劝,钱老的气消了,看得出,他不再反对。蒋英在一旁对我伸出大拇指,抿嘴一笑,一场小小"风波"过去了。

　　蒋英不仅工作上支持、帮助我,生活上对我也很关心,我到他们家去,是胖一点还是瘦一点,她都能察觉出来。如果人瘦了,她会关切地问:"是不是太累了?要注意休息呀。"逢年过节,她都会想到给我送点礼物。80年代初期物资供应还比较匮乏,市场上什么鸡呀，鱼呀都不好买到，蒋英会给我们家送去一条鱼或一只鸡，这在当时也算是稀罕物品了。蒋英听说我抽烟，送给我一条"大中华"香烟。这就不仅稀罕，而且是一种荣幸。因为那时，没有达到一定级别的首长，是抽不到中华烟的。我这个小秘书居然能抽中华烟，自然心里乐滋滋的。遇到我们办公厅的那些"烟友"，让他们分享一根，他们在口吐白烟的同时，总会以羡慕的口吻说一句："你真幸运。"

蒋英不仅对我这个秘书好，其实她对家里的工作人员都很好，对那些小战士们十分爱惜，总是表扬他们，很少批评。即使有什么缺点或不周之处，她的批评也很温和。一个新来的炊事员天天给钱老炒西红柿鸡蛋，蒋英也就说一句："你是不是只会炒西红柿鸡蛋呀！"我听说这个情况后，立即去家里批评炊事员。钱老听说我为此事专程来了，反倒劝我说："你在办公室很忙，不必为这些小事专门走一趟。我现在吃饭就是完成任务，只要营养够，能支撑我继续工作就行了。"

逢年过节，蒋英总要和家里的工作人员热闹一番。她自掏腰包，请全体人员"大撮一顿"。吃饭时她亲自出席，和战士们碰杯说笑。有时她耍个小花招，让小战士们看到了。在这时，那些胆大的小战士对"蒋阿姨"可不依不饶，非要她多喝几杯才肯罢休。如此你来我往，气氛相当亲切活跃。总之，蒋英总是把工作人员团结得高高兴兴地在钱家工作，解除了钱老的后顾之忧。

蒋英对钱老可以说百依百顺，钱老在家里也是一个"绝对权威"，说一不二。大笔的稿费、百万的奖金，钱老说捐出去，蒋英二话不说，坚决支持。甚至钱老若有考虑不到之处，蒋英都给他悄悄地弥补了。钱老的父亲钱均夫老先生晚年生病卧床，全靠钱学森的妹妹钱月华陪伴照料。那时蒋英要天天上班，钱学森担子很重，连抽空去看望父亲的次数都不多。老先生病重时曾对儿媳蒋英说，他走后要好好感谢月华。1969年钱均夫去世，老先生所在单位中央文史馆给他补发了3000多元工资。蒋英想按照爸爸生前遗愿，把这3000多元钱给月华，但钱学森不同意。他说爸爸已多年不上班，补发工资完全是组织上对他的照顾，这个钱我们做儿女的不能要，应退回文史馆。于是他给文史馆写信，但文史馆拒收。最后他把这个钱以个人党费的名义交给了七机部他所在的党小组。蒋英知道拗不过他，一切按他的意思办，但内心一直觉得对不住妹妹月华。

时间过了十几年，到80年代初，钱月华的女儿结婚，蒋英赶忙从银行存折上取出3000元钱送去，并对月华说："你哥哥的为人你是知道的，他总是一心想着国家，从不考虑个人和家庭。在爸爸去世这件事情上，哥哥嫂子对不起你，这3000元请你收下，给女儿置办点东西。"

时间又过了十几年，到90年代中期，钱老自己也时常生病住院。一次他在病床上和蒋英说起父亲当年生病住院的事，自己没有时间陪伴爸爸，感到内心有愧，也对不起妹妹月华。蒋英这时才对钱老说："月华的事我已经代你弥补了，她女儿结婚时，我送去3000元，并向她赔了不是。"钱老这时才恍然所悟，并点点头说："你办得好。"

在我和蒋英同志交往中，她还有三次谈话令我不能忘怀。

一次是在我快满55岁的时候。按规定55岁我将退休，组织上找我谈话时说了两点，一是在机关作个安排，干一段时间有可能提升也可能退休；二是在钱老这里继续干，干到底。我当时考虑在钱老身边干了这么多年，他信任我，我也觉得工作顺手顺心。于是我打消了"升官"的梦，表示愿意跟钱老干到底。后来我听说，机关领导将我的态度向钱老报告以后，他说了一句话："那好，就跟着我从学术上发展，走技术级的路子吧。"再后见到蒋英，她对我说："老伴下班回家以后很高兴，说蒋英告诉你一个好消息，涂秘书愿意跟我干到底。"蒋英又说："我这一辈子就是为他活着，现在好了，我又多了一个战友，那我们两个今后就一起为他作奉献吧！"蒋英这个谈话使我感到大大拉近和她之间的距离，至今记忆犹新。

另一次谈话就是钱老去世以后。我清楚地记得，2009年10月31日钱老去世，当301医院的医护人员停止抢救，整理好遗容以后，蒋英第一个进来和老伴告别。只见她摸摸钱老的脸，拉拉钱老的手，嘴里喊着："学森，学森！"但没掉一滴眼泪。在众人面前一直保持着她那高雅的风度，其实她内心的悲痛可想而知。因中央首长们即将来告别，我们请她到隔壁房间休息。当中央和军队领导同志一个一个告别出来，都要来安慰蒋英同志，她也显得十分镇静得体，对大家一一点头道谢。当所有领导告别结束以后，我才走近钱老，向他老人家深深地鞠躬，然后去看望蒋英。她依然那么镇定自若地坐着，拉着我的手说："涂秘书，这20多年辛苦你了，老伴对你很满意，时常在我面前夸你。你对他工作生活照顾得那么好，我要谢谢你。这么多年来我从没把你当外人，你就是我们这个家庭的成员。"听到此，我再也忍不住了，热泪盈眶，哽咽着说："钱老不仅是我的首长，更是我恩师，他就是我的亲人。"当大家劝蒋英回家休息时，她站起身说："我想再看看老伴。"于是我们扶她再进病房，她拉着钱老的手，贴贴老伴的脸，在钱老耳边轻声说："学森，学森，你好好休息吧！"在场的人无不动容，甚至哭出了声音，但蒋英硬是忍住了眼泪，令人敬佩不已。

最后一次谈话就是在她病重住院期间。平时我到医院看她，都是她半躺在床上，我坐在床边和她说话。这一次见我来了，她执意要穿好衣服，起身坐在轮椅里，推到病房的凉台上和我说话。等她坐好，便亲切地对我说："你今天来看我，我要跟你说几句心里话。我觉得老伴晚年遇到你这个好秘书、好助手，那是他的福气。"我想打断她的话，说不能这么讲，但她摆摆手，不让我插话，继续说："你不要客气，我还不糊涂，心里很明白。你编了那么多他的书，又写了那么多文章，还花了那么大力气参与上海交大给他建纪念馆，又到全国各地去做报告，介绍他的事。要不是你做了这么多工作，谁了解他。别的著名科学家去世好几年了，不也无声无息，没谁再记住和提起吗？我心里很明白，这都是你的功劳。这几年你为他的事累得生病，我看着也心痛呀！"蒋英说到这里，我感动得几乎又要流出泪来，赶忙说："应该说遇到钱老是我福气。我从钱老那里不仅学到许多科学知识，更重要的是学会了做人的道理。使我终生受益。"

今天，一位这么明事理，关爱下属的可敬老人离我们而去了，我内心自然十分悲痛。但想到她在另一个世界又和钱老相会，不弃不离、相爱永远，也感到些微宽慰。

　　　　　　　　　　　　　　　　　　（2012年2月14日第二稿）

怀念

HUAI NIAN

JIANG YING LAO SHI

蒋英老师

1987年，钱学森、蒋英出访英国、德国

1987年，钱学森、蒋英出访英国、德国

1993年策划慰问航天科技工作者音乐会
与音乐会主持人合影

参加北京航空航天大学钱学森塑像落成典礼
左起杜玉波、聂力、蒋英、朱光亚、沈元

和老伴在一起

参加北京航空航天大学钱学森塑像落成典礼
与聂力合影

参加2008年奥运会开幕式

参加纪念钱学森九十华诞学术研讨会

钱学森的贤内助

——蒋英同志功不可没

涂元季

　　2012年2月5日，钱老的夫人、原中央音乐学院声乐系教授蒋英同志永远离开了我们，去另外一个世界，与她终生相爱的丈夫钱学森团聚了。此时此刻我的心情十分复杂，既为她的离去感到悲痛，又为她能和钱老再次团聚而略感欣慰。

　　我给钱老当了20多年的秘书和助手，也和蒋英有过20多年的接触。蒋英常说她这辈子就是为钱老活着。我认为，这是她内心世界的真情表述。所以在钱老为中华民族作出的杰出贡献背后，也有蒋英同志一份功劳。人们在称颂钱老的同时，也不能忘记蒋英同志呀！然而，钱老在世时既不让宣传他自己，更不让我们讲他家里的事情。钱老去世以后，我们在弘扬钱学森精神时，蒋英同志也不让我们讲她的事。所以蒋英同志是怎样牺牲自己，默默无闻地为钱老奉献一生的事迹一直不为外界所知。今天，斯人已逝，为了不忘所念，我用以下几则故事悼念这位受人尊敬和爱戴中国女性。

蒋英同志是我国近代军事理论家蒋百里的女儿，早年曾在欧洲接受西方古典音乐教育，是一位才华出众、相貌纯美的女高音歌唱家。1947年回国后曾在上海举办独唱音乐会，引起轰动，评论家认为她是一颗在东方冉冉升起的西方古典音乐的"明星"。

然而，就在这一年，已经是世界著名科学家的钱学森回国了，这位幼时的"干哥哥"向她求婚，捕获了美丽而又端庄大方的"干妹妹"的芳心。二人结为百年秦晋。为了钱学森，蒋英甘愿放弃前程似锦的歌唱事业，随钱学森去到美国，做一名"全职夫人"。蒋英把钱学森的生活打理得井井有条，而钱学森则一心扑在工作上，硕果累累。钱学森的老师冯·卡门手下的那帮单身汉弟子们个个投来羡慕的眼光。他们有时来钱家作客，女主人的端庄秀丽总是吸引那些男士们的目光，而钱学森则十分满意地淡淡微笑看着他心爱的"英"

落落大方地接待着每一位来宾。遇到节假日，钱学森会走出他的科学世界，陪蒋英去听音乐会或远足郊游。钱学森喜欢摄影，他有一台相当不错的照相机，他们夫妻二人拍了不少心旷神怡的甜蜜照片，甚至还玩起了当时美国家庭都少有的幻灯游戏，白天拍摄，晚上夫妻双双幸福地欣赏着自拍的"佳作"。在一般美国人眼里，钱学森和蒋英真可谓是温馨浪漫的一对佳侣。

然而，有一次蒋英对我说："给他当太太很不容易，那时他是美国上流社会的大教授，天天要换洗衣服，我若给他的衬衣有一点没烫平整他都要批评我。"

当然，蒋英在美国对钱学森的最大支持和帮助应该是在他受到美国政府迫害的期间，那时他孤身一人与一个强大的政府抗争，亲朋好友们都不敢和他来往，就连家里的保姆都怕受牵连而辞职不干了。除了两个不懂事的孩子，就只有蒋英日夜陪伴着他，是他精神上唯一的安慰和支柱。在蒋英的安抚下，他那颗被击得粉碎的高傲的自尊心逐渐得到平复。他丢弃烦恼，钻进学术世界，专心致志地研究工程控制论。仅两三年功夫，他又成为这一新领域的权威，写出了《工程控制论》这部对自动化理论奠定基础的科学巨著。为了表达他对蒋英恩爱之情的谢意，钱学森在《工程控制论》这本著作序言的末尾将他对妻子的千言万语凝结成一句话："谨以此书献给蒋英。"对于很少在妻子面前用甜言蜜语表达卿卿我我的钱学森来说，这句话在他内心的份量可想而知。即便时间又过去了近40年，当1991年钱学森在人大会堂接受党和人民授予他"国家杰出贡献科学家"荣誉称号时，他依然记住了蒋英的这一份恩情。他在致答谢辞中说："我还要感谢我的爱人蒋英，我在美国最困难的时候，蒋英是做出了很大牺牲的，这一点我不能忘。"

　　1955年钱学森冲破重重阻力回到祖国，并被委以重任，开创新中国的导弹航天事业。而蒋英又回到了她的艺术世界，到中央实验歌剧院任独唱演员。这一年她36岁，那是一个歌唱演员的巅峰之年。她曾下很大功夫学唱受工农兵喜欢的中国歌曲，由于她基础好，形象俊美，一旦登台，很受群众欢迎。但是一贯保持低调的钱学森不让她出名。晚年蒋英曾对我说："他自己不爱出头露面，也不喜欢我上舞台，从此我就再不上舞台了，专门从事声乐教育。"当然，蒋英在声乐教育上也是桃李满天下。

　　除了自己的工作，蒋英还要管好家。钱学森一心扑在工作上，对家庭琐事一概不闻不问，他把工资交给蒋英，一切由她打理。当时蒋英也是上有老下有小，幸好两个孩子学习都比较好，无需他们的妈妈花太多心思。但两位老人——公公钱均夫和妈妈蒋左梅都年过古稀，时常生病住院需要人照顾。钱均夫老先生于1969年过世，之前在病床上躺了很长一段时间，那时并不像现在可以在医院请到护工。蒋英要上班，只好请均夫老先生的义女、钱学森的妹妹月华来医院照料。钱均夫对月华有养育之恩，月华则尽心尽责陪伴和照顾老人，使钱均夫老先生得到很大安慰，故而钱老先生在临终前曾嘱咐儿媳，他走后要好好感谢月华。钱老先生去世后，他所在的单位中央文史馆给他补发了3000多元的工资。蒋英想，按照爸爸生前的愿望，应把这3000多元钱给月华。但此事钱学森不同意，他说爸爸已多年不上班，补发工资是组织上对他的照顾，我们做子女的不能要这个钱，应退回给组织。于是钱学森在1969年9月20日给中央文史馆陈君五同志写信，执意要把钱退回。因文史馆拒收，钱老就把这笔钱作为他个人的党费交给了七机部他所在的党小组。此事钱月华其实并不太在意，但蒋英内心一直觉得对不住妹妹。到80年代初，月华的女儿结婚，蒋英赶快从银行存折上取出3000元送去，并向月华赔礼说："你哥哥的为人你是知道的，他总是一心为国家，从不考虑个人和家庭，在爸爸去世这件事情上，哥哥嫂子对不起你，这3000元请你收下，给女儿置办点东西。"

蒋英管家，不仅要孝敬老人，还把家里的一帮工作人员团结得非常好，使每个人都高高兴兴在钱家工作。她很少批评年轻人，总是十分爱惜地表扬他们。逢年过节，她便自掏腰包，请全体工作人员"撮一顿"，这种场合她亲自出席，和工作人员干杯说笑，不分长幼，你来我往，气氛相当亲切活跃。

总之，蒋英把家里管理得井井有条，该打点的地方她一个也不漏掉。像我们这些办公室的秘书，逢年过节她总得送点礼物。我搬新居，她都是快90岁的人了，还执意要亲自挑一盆鲜花送给我，以示祝贺。蒋英同志不仅关心我的生活，更重要的是支持我的工作，只要我在工作上遇到困难，她总是站出来帮助我排解。

蒋英同志十分识大体，她在支持我的同时又从不干预我的工作。有的人给钱老写信想走蒋英的"后门"，蒋英一看是工作问题，便把信转给我。她说："老伴给我交代过，夫人干政群众是最反感的，他不让我干预他工作上的事，这些信我不能直接交给他，还是由你处理吧！"

钱学森和蒋英这对恩爱夫妻相濡以沫几十年，可以说已经做到心心相通，心心相印了。钱学森兜里可以不装一分钱，但他想吃什么，想要什么蒋英全明白。不用老伴张口，蒋英全给办好了。记得大约是90年代中期以后，钱老快90岁了，身体状况一年不如一年。有一次我去钱家，蒋英对我说："我现在也想明白了，他想吃什么，我就给他买什么，想吃大虾买大虾，想吃鳜鱼买鳜鱼，管他价钱贵不贵的。"听了蒋英的话我心里大为感慨，都什么年代了，一般人下餐馆点个大虾、鳜鱼什么的已经司空见惯了，可钱老家到这时才"解放思想"。由此也可见钱老平时的生活是什么样子。

钱学森和蒋英携手走过几十年的风风雨雨，他们夫妻相知相爱是不用说的了。当然，再恩爱的夫妻也有拌嘴的时候呀！蒋英给我讲过几件拌嘴的事儿。

一次在家里，他们说到谁出门带着夫人的事，蒋英心里有点报怨，说："我这辈子嫁给你真冤，人家的夫人到处陪丈夫风风光光，可是你刚回国那会儿说工作忙，没功夫带我玩。等到退休没事了，你又说出去游山玩水群众意见大，你哪儿都不去。我只有在家里陪你的份儿。天天陪你，你也没给我什么好呀！除了结婚时送给我一架钢琴，你说说这辈子你给我买过什么礼物？"钱老一听，知有愧于妻子，便陪笑着说："连我这个人都是你的，还用得着买什么礼物吗！"就这么一句甜甜的话，立即驱散了蒋英一肚子怨气。

还有一次，江泽民总书记去看望钱学森，在新闻报道中把蒋英的名字错写成"郭英"。我拿着报纸去向钱老和蒋英同志报告,并打算给报社打电话批评他们。可钱老说:"错就错吧,何必为这点小事去批评别人。"蒋英则在一旁逗乐说:"我们家又多了一个郭英,多好啊!"钱老在家里伏案工作累了,蒋英常给他捏捏背,捶捶腰,一次钱老可能觉得蒋英弄得有点不舒服,便说了一句:"怎么今天笨手笨脚的。"蒋英一听就不高兴了,立即回敬说:"看来我老了,伺候不好你了,你去找那个年轻的郭英吧!"一句话又把钱老逗乐了,夫妻俩笑到了一块。

以上是作者耳闻目睹钱老家里的点点滴滴。由此可见,钱学森和蒋英,他们的婚姻是美满的,家庭是幸福的。这也就保证了钱学森能全身心地投入他的事业,为国家为民族建立了丰功伟绩。今天我们不能忘记的是,在这座丰碑的背后,也有蒋英同志的一份功劳!

(2012年2月14日第二稿)

---

* 注:根据作者另文《我所知道的钱老夫人蒋英》内容,本文略有删节。

双星相辉映　丹心照汗青

——思念蒋英教授

钱学敏

　　我怎么也没有想到2012年2月5日上午,蒋英教授竟匆匆地走了。那天下午,当我从钱永刚打来的电话中得知这不幸的消息时,我悲痛不已,心都碎了。蒋英是我最敬爱的老师和亲人,她那美妙动人的歌声琴声,她那端庄秀丽的身影,她那高雅大方的气质,她那至真至爱的奉献精神……仿佛就在我的泪眼之前。去年她亲手给我写的红色新年贺卡:"向仙子请安!!!"*还放在我的书桌边,我总觉

* 蒋英有时戏称我是"小仙子"。

与钱学敏合影

得她没有走，她和钱学森一样，永远在我心中。

2012年2月10日上午，总装备部在解放军总医院为蒋英教授举行了隆重的送别仪式，党和国家以及军队现任和原任的领导人胡锦涛、江泽民、温家宝等敬献了花圈，刘延东、曹刚川以及来自文化教育、音乐艺术、科学研究等许多部门的专家、学者和知名人士，还有蒋英教授的同事、朋友、学生、慕名而来的敬仰者等1000多人，大家纷纷来到她的身边，伴着低回的挽歌，含着泪水默默地瞻仰她高贵的遗容。人们是那样敬爱和仰慕这位杰出的声乐教育家、女高音歌唱家——蒋英，人们又是那样悲痛和惋惜中国乃至世界上失去了一位伟大的音乐艺术家、音乐教育家和一位伟大的东方女性的典型。那情那景深深地感动至每一个人的心底。

为了缅怀这位中央音乐学院声乐歌剧系的蒋英教授，寄托大家无尽的哀思，激励师生学习继承她精湛的音乐艺术和高尚的品德，中央音乐学院于2012年4月20日下午，在学院的教学大厅里，举行了"永远的怀念——蒋英教授追思会"。由于蒋英素日开朗热情，喜欢红色，所以追思会上的横幅和讲台桌布皆以深红为底色。大厅里回荡着亨德尔著名的咏叹调"绿树成荫"，这是蒋英最喜欢唱的歌，她那优美动人的歌声，仿佛给我们描绘出一片绿色幽静的自然风光，也在诉说着她对生活的热爱和对一切美好事物的依恋与向往。

中央音乐学院新老院长和党委书记、老教授、著名歌唱家、钢琴家、蒋英教授的老同事、她的学生、她的爱子钱永刚教授夫妇、亲朋好友、解放军总装备部领导、中国科学院力学所的科研人员等150多人参加了追思会，大家深情缅怀了蒋英教授作为欧洲古典艺术歌曲的权威，对中国声乐教育事业的杰出贡献和淡泊名利无私奉献的崇高品德。

感人至深的是钱永刚的发言,他动情地说:"……从2009年10月29日我把我已经病危的父亲送到解放军总医院,次日早晨他去逝,到2012年2月10日我把我母亲送到八宝山革命公墓火化,这834天是我这一生中最痛苦、最伤心的日子。我在这两年多一点的时间里,先后失去了我的父亲和我的母亲,每当我想起他们的音容笑貌,现在再也见不到了,我会暗自落泪……"话音未落他便哽咽了,禁不住怆然泪下。

永刚强忍着悲痛接着说:"有人问我:'你的父母是怎样教育你的?你能不能举出一两件事来说明?'其实,回想起他们对我的教育,我很难具体说清,但我又无时无刻不感觉到他们对我影响的存在,因为他们教育子女的特点是身教胜于言教,他们给了我很多好的影响……现在我的父母都走了,他们在我心中都是伟大的。""我父亲是为国为民为社会甚至对历史都做出了重大贡献的人,我母亲是我心中非常佩服的人,大家知道,她是身出名门,身嫁名人,事业有成的一位女性,她用自己一生的行为,真正体现了一个知识分子的自力自强。她为国家,为人民,为音乐教育事业做出了杰出贡献,从而不仅赢得了女性,也赢得了男性们对她的敬重"。

蒋英还是一位很有政治见解,很有思想的音乐艺术家,钱永刚在回忆父亲母亲相濡以沫，相伴终生的感人事迹时接着说："我的父亲从小喜欢音乐……正是由于对音乐，特别是对西方音乐的共同情趣，1947年他们走到了一起，之后，他们发现互相还有更多的共识。例如，对当时国民党政府的看法，因为我妈妈是国民党高级将领蒋百里的女儿，我爸爸曾故意试探她说：'我可是同情共产党的呦！'没想到我妈妈回答说：'就是你跑到新疆去找共产党，我也跟你去！因为我在欧洲留学时，亲眼看到国民党的外交官不顾当时中国抗日战争艰难困苦的局面，在欧洲吃喝玩乐。'他们俩还都认为科学技术对推动经济社会发展有着非常重要的作用。他们俩对教育子女和对金钱、名利、地位的看法也很一致……可以说，他们俩作为一个小整体，是用一生的心血和智慧在为我们的国家和民族做贡献的。"

蒋英早期的学生吴晓露说："……当我专程从国外赶来参加恩师的送别会时，那么大的场面让我非常震撼，我发现蒋老师不仅对我一个人那么关爱，那么好，原来她把自己的爱献给了所有的人。记得1983年，我毕业时举行独唱音乐会，所唱的《岁月悠悠》等几个外国歌剧选段，其实都是蒋老师一字一句教给我的，那时我对外语一窍不通，是她用中文先注释好每一个外文单词的发音和含义，然后用磁带录下自己珍藏的歌曲送给我学习,可惜,我当时只是囫囵吞枣。""而她当年对我的教育和艺术指导,在我毕业后到美国继续学习和演唱10年,接着又到德国学习和演唱12年,我才真正理解了蒋老师原来具有那么高超的音乐艺术水平和语言文化修养。说句心里话,没有蒋老师,就没有我的今天……"晓露美丽的脸庞上闪落着泪珠,她的话说出了蒋英新老学生共同的心声。

著名歌唱家李双江也迫不及待地抢着说:"蒋英老师虽不是直接教我的老师,但她的教学意识对我影响很深,记得有一次我下了很大功夫,表演了几首难度很大(High C)的歌曲。她听了我的演唱以后,走到后台来亲切地对我说:'小Tenor(男高音),你的高音很自然,但是如果你的气息再深一点的话,可能会更结实',这个忠告后来给我很大帮助。"有一个时期,她直接指导我学唱俄国歌曲和德国歌曲,她听我学唱了几首德国歌曲以后,除了让我再学习些有关乐曲以外,还很幽默地对我说:'你不要在唱俄国歌曲时,就觉得自己是俄国人了,也不要在唱德国歌曲时,就觉得自己是德国人了,不管你唱什么歌曲,都应保持像你在唱家乡小调一样平常的心态。'这一点确实非常重要,你们看,她这是多么真诚、多么生动地进行教学啊!"

《艺术与科学》
研讨会

　　李双江老师最后还激动地说:"一位伟大的男人背后,一定会有一位非常非常伟大的女人,蒋英老师对钱学森的挚爱与支持,就是最好的例证,他们这一对最好的伉俪,给我们的民族留下那么多美好的情结,这是我们的幸福!"说罢,他整了整军装,向蒋英老师的遗像敬了一个严肃的军礼。

　　原定两个小时的追思会,开了三个半小时,大家还意犹未尽,想诉说的很多,无奈天色已晚,上天又突然下起了淅淅沥沥的小雨，大家只得留恋不舍地离开了会场。

"可以说，他们俩作为一个小整体，是用一生的心血和智慧在为我们的国家和民族做贡献的。""她把自己的爱献给了所有的人。""一个伟大的男人背后，一定会有一位非常非常伟大的女人，蒋英老师对钱学森的挚爱与支持，就是最好的例证。"是啊！这些具有真情实感又发自内心的肺腑之言，深深地感动着我。傍晚，我走出中央音乐学院，踏上鲜花簇拥的复兴路，冒着濛濛细雨，不禁浮想联翩，往事一桩桩，一幕幕呈现在我的眼前。

我想起了：

蒋英勇敢地解救钱学森于囹圄的情景

钱学森与蒋英由于准备回到新中国效力，而遭受到美国政府的无理阻挠与迫害。1950年9月6日下午，在美国加州的帕萨迪纳，美国移民局的两个稽查带着手枪和手铐闯进了钱家便问："钱学森在不在?"，蒋英见来者不善，她不顾一切，抱着刚出生两个月的女儿——永真，冲上前去，试图把这两个家伙挡在门外。钱学森怕他们伤害了母女，立刻站出来质问："你们要干什么?"其实来者要干什么，早在预料之中，且已一目了然，钱学森安慰蒋英说："我去向他们说清楚就回来，没事！" 然后便转身随这两个稽查上了汽车。

　　机警的蒋英立刻打电话到加州理工学院向校领导报告了这一情况，争取学校领导的支持，争取舆论的援助。之后，她不仅常常带着亲手做的饭菜来看望被关押在荒凉的特米那岛上的钱学森，在荷枪实弹的狱警的监视下，通过铁窗把爱情、信心和希望传递给他，并且积极去找律师、找朋友，竭尽全力通过法律营救钱学森，还千方百计筹集资金15000美元。经过与当局的艰苦斗争，仅用14天就将钱学森保释出狱了，若没有蒋英的援助，钱学森可能要受到更多更大的痛苦与折磨。

　　后来，美国政府确实抓不住钱学森有任何"罪证"，但由于他掌握了当时最尖端的科学技术和军事机密，又要求回到新中国，所以他仍在被长期软禁之中，住宅四周，日夜有特务盯哨，言语行动皆无自由。为了摆脱这些"眼睛"，聪明的蒋英在四周无窗的浴室里，放一张小桌和沙发椅，让钱学森每天晚上坐在那里专心阅读、研究，继续在技术科学的荒野上耕耘，而蒋英自己每晚还是静静地守候在浴室门外，看看书报，听听音乐，作为掩护和保卫。

　　有时，特务们从外边看不到钱学森的行踪，就故意借口问路或打电话等缘由强行进入住宅内搜寻，蒋英对此早已明晰，她忍无可忍，毫不畏惧，每次都破口大骂："你们这些狗特务，快给我滚出去！"吓得特务们目瞪口呆，一步步退了出去。蒋英后来得意地笑着对我说："那些日子，我真像个'变色龙'，在家里我是个温顺的小绵羊，在敌人面前我就变成一支凶狠的母老虎啦！"

在被美国政府无理扣除了钱学森大部分工资长达五年之久的艰难岁月里，蒋英为了使丈夫和孩子不发生意外，她不雇用保姆，自己承担起全部家务，每天开车接送钱学森上班，接送两个孩子上幼儿园，还要买菜烧饭做家务，完全没有条件去考虑自己在音乐艺术方面的提高与发展。只是为了不荒废所学，仍然抽空在家里坚持声乐练习。她用甜美的歌喉为钱学森歌唱，用清泉般的琴声滋润他干涸的心田，当孩子们入睡以后，他们共同欣赏或弹奏贝多芬、莫扎特、海顿等作曲家的交响曲，感受那与命运顽强抗争的伟大呼唤，在困苦中乐观地面对人生。

因此，那些年钱学森虽身遭迫害，失去自由，但是由于有蒋英的支持与帮助，他仍能把全部精力都投入到紧张的研究与著述之中，写出了《工程控制论》、《物理力学》。1954年在美国正式出版，总结了他在美国近20年间科学研究的新成果，开创了一个崭新的技术科学新领域，准备将来奉献给亲爱的祖国。

我想起了：

蒋英机智地投出要求回国的求助信

那几年，钱学森的家里经常摆着三只轻便的小箱子，随时准备可以搭乘飞机动身回国。但是周围特务总是死盯着不放，美国政府也毫无改口之意，他俩都很着急，日夜冥思苦想，正巧在一张中国的画报上看到陈叔通与毛泽东主席站在天安门上，举行新中国的开国大典，而陈叔通正是他俩的父亲钱均夫和蒋百里的老师和至交，钱学森觉得有希望了，但是他们整天都被特务监视着，怎么才能把信息传递给陈叔通太老师呢？

蒋英忽然心生一计，那是1955年6月的一天，骄阳似火，蒋英带着永刚、永真，陪伴着钱学森假装到黑人住区的街上闲逛，避开特务的盯哨，迅速走进附近的咖啡店，他们边喝咖啡，边佯做哄孩子说笑。这时，钱学森迅速用笔在一张纸上写道：我们"无一日、一时、一刻不思归国参加伟大的建设高潮。""但是现在报纸上说中美有交换被拘留人之可能，而美方又说谎谓中国学生愿回国者皆已放回，我们不免焦急……"。请求新中国人民政府设法帮助返回祖国等字样。然后，蒋英学着小孩子的笔迹把自己妹妹的家庭地址写在信封上，机智灵敏地投入了黑人住区的信箱里，这才躲过特务的检查,寄往住在比利时的蒋华家,请她立即转寄给钱学森的父亲,再递交他的老师陈叔通先生。

陈老先生接到信的当天,就将这封重要的信件送到了周恩来总理手中。1955年8月1日,日内瓦中美大使级会谈,王炳南大使在周总理授意下,以钱学森的亲笔信为根据,与美方进行谈判和针锋相对的斗争。同时,国内广大知识分子纷纷起来发出抗议与呼吁,美国政府慑于中国政府和中国人民的威力,终于被迫做出了允许钱学森离美回国的决定。

我想起了:

作为蒋百里女儿的蒋英对钱学森的独特影响

蒋英的父亲蒋方震(字百里)(1882~1938)是20世纪初中国著名军事理论家。他年轻时为图国强,毅然弃文习武,东渡日本学习军事,1905年3月在日本士官学校步兵科第三期毕业时成绩优异,荣获第一名,随后西行德国深造,被当时的德军统帅称为拿破仑所预言的"东方未来的杰出将才"。他曾任保定陆军军官学校校长,1938年被任命为中国最高军事学府陆军大学校长。他一生为中国的国防建设、祖国的统一、富强,奔走于大半个世界,殚精竭力,是中国早期卓越的军事使节，亦是抗战时期的文坛健将。

抗日战争爆发前夕，蒋百里先去欧洲考察，目睹了德国先进的航空航天科学技术的迅猛发展，然后他在去美国考察军事和政治时，由于他对挚友钱均夫的儿子钱学森——他心中未来的女婿特别了解和宠爱，遂建议他由学航空工程改学航空理论，以适应战争和时代发展的要求。而当时正是难得的风云际会，钱学森因此发挥了自己的优势和特长，使他日后在空气动力学、工程控制和火箭、导弹的研制等方面做出了卓越的贡献，从此改变了钱学森的发展方向和人生轨迹。

还有，1936年抗日战争初期的时候，蒋百里作为蒋介石的军事顾问期间，曾出面斡旋"西安事变"之后蒋介石与张学良的关系，并倾向国共联合抗日的主张，对中国抗日战争的胜利充满信心，是位文武双全的爱国将领，因而给周恩来留下了很好的印象。由此，我想，除了钱学森与蒋英本人报效祖国的行为与决心，可能还由于蒋英的父亲蒋百里是爱国将领这层亲属关系，所以蒋英和钱学森回国以后，受到毛泽东主席、周恩来总理的特别信任和欢迎。并且在历次政治风浪的考验中，他们始终相信钱学森和蒋英对祖国人民的无限热爱与忠诚。

蒋百里还是郭沫若的救命恩人，这是怎么回事呢？记得钱学森84岁生日（1995年12月11日）那天，蒋英给我们讲过这样一个惊险的故事，她说："我父亲和郭沫若原是莫逆之交，抗日战争时期他俩都到了重庆。郭沫若当时还很年轻，有一次他在街头演讲，宣传爱国抗日，发动群众团结奋战，不料，受到国民党特务和一些坏人的围攻。他们用砖头、石块猛力砸向郭沫若，并且气势汹汹地拥上去抓捕他，要把他置于死地。我父亲见此情景立即冲上前去，拼命把他救了出来，然后悄悄地把郭沫若藏到自己的公馆里，住了好些日子,事态平息以后，郭沫若才走出来，算是躲过了这次危难……所以他俩的关系特别好。"

　　我想，可能是由于郭沫若和蒋百里先生是生死之交，所以1955年10月8日，当时身为中国科学院院长的郭沫若，得知蒋百里的女儿蒋英和他的女婿钱学森学有所成，掌握了最先进的科学技术成果，经过千辛万苦回到祖国，自然如晤亲人，格外关心！他立刻派科学院的朱兆祥等同志赶到深圳罗湖桥边迎接，并安排钱学森任中科院力学所第一任所长，鼓励他参加国家十二年《科学技术发展远景规划纲要(草案)》的制定，钱学森及时提出了发展航天事业的规划。

郭沫若曾兴奋地赋诗一首："大火无心云外流，望楼几见月当头，太平洋上风涛险，西子湖中景色幽，突破藩篱归故国，参加规划献宏猷，从兹十二年间事，跨箭相期星际游。"借以表达他心中积蓄已久的对过去的感恩与对祖国未来美好前景的期盼之情。

我想起了：

蒋英的艺术情趣和思维方式对钱学森的启迪

　　共同的艺术情趣和爱好是蒋英与钱学森相互爱恋的沃土。蒋英曾愉快地回忆说："那时候，我们都非常喜欢哲理性强的音乐作品，学森还很喜欢美术，水彩画也画得相当出色。因此，我们常常一起去听音乐、去看美展。我们的业余生活始终充满着艺术气息，不知为什么，我喜欢的，他也喜欢……"

　　钱学森在投入紧张繁忙的"两弹一星"的研制和发射工作时，往往一连好几个月奔走在西北基地的风沙大漠之中，脑子里只有"火箭"！"火箭"！是爱妻蒋英时常在他回家的空隙，拉他去听自己的同事或学生的演唱会，或是陪他一起去听高雅的中外交响乐队的演奏会，让这位"火箭迷"沉浸在文学艺术的海洋里畅游，享受其中的诗情画意，让他的思维在广阔的天地里飞翔，把科学与艺术更好地结合起来。

　　音乐艺术家蒋英由于几十年来对钱学森真挚的关怀与爱护，使她对航天事业和从事科技尖端研究发展事业的航天人都情有独钟，她在年愈古稀之际，曾以巨大的热情，不顾一连好几个月的疲劳，参与组织和指挥一台大型音乐会"星光灿烂"，歌颂航天人，献给航天人。蒋英还竭力把所有她熟悉的和不熟悉的航天人、科技人，都请来分享这份荣光、这份快乐。记得我当时写了篇文稿报道这次盛会，钱学森看后也很高兴，他把我文稿的标题改为"曲终人散　星光灿烂"。

　　直到钱学森晚年，2005年3月6日，他回国50周年的时候，我去看望他和蒋英，他俩在共同回忆相伴一生的往事时，还特别强调科学与艺术相结合的重大意义。钱学森说："我小的时候，父亲一方面让我学理工，另一方面又在暑假里送我去学音乐、绘画这些艺术课。所以我从小不仅对科学感兴趣，也对艺术有兴趣。这些艺术上的修养不仅加深了我对艺术作品中那些诗情画意和人生哲理的深刻理解，也学会了艺术上大跨度的形象思维方式。而这些东西对启迪一个人在科学上的创新是很重要的。科学上的创新光靠严密的逻辑思维不行，创新的思想往往开始于形象思维，从大跨度的联想中得到启迪，然后再用严密的逻辑加以验证。"

　　记得钱学森当时还满怀深情地望着已是满头银色卷发的爱妻说："蒋英也给我介绍了不少音乐艺术，正因为我受到这些艺术方面的熏陶，所以我才能够避免死心眼，避免机械唯物论，想问题能够更宽一点，活一点，所以在这一点上，我也要感谢蒋英。"

我想起了：

蒋英用生命与真爱保护和支持了钱学森

　　蒋英曾对我说，"文化大革命"时期，她和钱学森也时时面临着被批斗、被打倒的厄运。关系国家前途的"两弹一星"大业，似已无足轻重。一时间社会上乌云密布，处处打、砸、抢，无法无天，她和小顾(顾吉环秘书)几乎每天都要用尽全身的力气去顶着楼下那两扇大门，不让一些所谓的"红卫兵"、"造反派"和"记者"闯进来揪斗钱学森。

　　蒋英还说："他们人多、年轻、力量大，我们每天和他们斗争下来，几乎瘫倒在地了，但是为了保卫学森，我只好拼命了。幸亏就在我们性命难保的时候，周恩来总理知道了，他大为震怒，指示有关部门开列一张有重要贡献的科学家名单，对我们加以保护，必要时可以动用武力保护。这才最终解了围。"

钱学森晚年更是离不开蒋英无微不至的安慰、鼓励与呵护,最后这十几年间,蒋英几乎每天都陪伴在他的身边。1997年春天,正当大家逐渐"读懂"了钱学森,渴望再直接聆听他精彩的学术演讲、听他议论国是时,86岁的钱学森腰腿疼痛疾患加剧,行动不便了。当年为了祖国能够尽快研制出"两弹一星",他曾顶风冒雪长年奔波在西北大漠之中,整日操劳,殚精竭虑,加上营养不足,他的骨质严重疏松了。

进入晚年之后,他的腰腿越来越疼痛难忍。他曾指着自己的两条腿对我说:"可能是我当时年轻,冬天到基地去只穿一条毛裤,腿受寒了,以后多穿点就会好的,没事!"他开始每天扶着助行器,忍着剧烈的疼痛,一步一步顽强地练习走路,常常疼得他涨红了脸、满头大汗,让人看了都要心疼得流泪。

记得有一天,一位资深的男医生走进他的病房,仔细检查了他的双腿以后,认真而又和蔼地对他说:"钱老,您今后恐怕要长期卧床休息了。"这是钱学森最不愿意知道的严重后果。他毫无思想准备,一时间,他顿感失落与悲凉,一头倒在床上喃喃地说:"我从此再也不能为人民服务了,还要国家花钱来照顾我,我活着还有什么意思呢?!"说罢,禁不住潸然泪下。

夫人蒋英最理解老伴这满腔为国为民的赤子情怀,便立刻伏在他的身上亲切地用双手搂着他说:"学森,别这么想,你看,巴金快活到100岁了,冰心也90多岁了,他们在家里不是也为人民做了很多事吗? 你今年才86岁,日子还长着呐,你一定也能活到一百岁,我陪着你,我陪着你……"蒋英轻轻地亲着他的脸。

我从未见过钱学森泪流满面如此伤心的样子,一时惊得手足无措,便也连忙随着劝道:"蒋英说得对!您别难过,您不能常出去参加社会活动,可以有更多的时间好好总结过去的经验、深化已知的理论、展望未来的前景啊!"

钱学森原本就是位非常乐观而坚强的人,是位了不起的硬汉子,听得蒋英和我亲切动情的劝慰以后,便也很快控制了自己的情绪,破涕为笑了。他还故意略带得意的神态对蒋英和我说:"我现在就是脑子还管用,我要为我的脑子好好活着。"

此后,他虽然常年身居卧室,但依然惜时如金,非常勤奋,每天都读书、看报,博览群书,关心着国内外大事和人民的疾苦。他时常以亲笔写信的方式,与四面八方各个领域的专家、学者以至党和国家、军队的领导人,探讨各种重大现实问题和理论问题,表达自己的有关建议、解决方案和一些前瞻性的战略思考。

作为我国航天事业的奠基人，钱学森不仅在中国的"两弹一星"的研制和发射方面，继续观察着世界尖端科学技术的发展趋势，而且在系统科学、军事科学、思维科学、地理科学、建筑科学、行为科学、金融经济学、农业科学，尤其是他晚年积极探索并特别重视的大成智慧学等哲学和科学技术领域，都提出了不少精辟的创新见解，极大地开拓并深化了哲学和科学技术理论的发展，把马克思主义哲学发展到一个新的阶段，也为如何科学和民主地建设祖国提出许多合理的建议和长远的设想。

我想起了：

蒋英本是一位非常杰出的音乐艺术家

蒋英教授被我国声乐界誉为欧洲古典艺术歌曲的权威。她16岁时，即随父亲蒋百里赴欧洲考察，并留在德国学习音乐。1942年在德国柏林音乐大学主修声乐，师从声乐系主任海尔曼·怀森堡，1943～1944年，在瑞士路山音乐学院声乐系学习，师从依罗娜·杜丽戈，学习德国艺术歌曲和清唱剧，后又回到德国，师从慕尼黑音乐学院教授、著名的瓦格纳歌剧专家艾米·克鲁格，学习歌剧。

1958年夏在山西太原演出，右起：吴书媛、黄晓芬、蒋英、邹德华、殷韵含（李刚拍摄）

　　经过多年的钻研与苦练，蒋英不仅在声乐表演上，达到了相当高的水平，尤其擅长大歌剧的表演唱，她的声音明亮、纯净、甜美、抒情，为女高音中不多见者，而且钢琴弹得极好，流畅动听，像是来自心底的歌唱。她还颇具语言天才，精通德语、英语并旁及法语、意大利语、俄语。由此，为年轻的蒋英打开了世界之窗，她从世界文化艺术的海洋里汲取了丰富的营养，对欧洲古典主义、浪漫主义时期以及近现代的歌剧作品，有深刻的理解和独特的学术见解。为自己奠定了坚实的中西文化基础和深厚的艺术功底。

　　1946年第二次世界大战结束后，蒋英回到祖国，先后在上海兰心大剧院和杭州举行独唱音乐会，轰动上海，享誉江浙。1947年与钱学森喜结良缘，共赴美国。1955年重返祖国以后不久，先在中央实验歌剧院任独唱演员和声乐教员，1959年9月以后在中央音乐学院任教，直至退休。

　　蒋英的教学方法独具芳华，别有创意，她在教学过程中，时常开设深受广大师生欢迎和喜爱的《德国艺术歌曲及其发展史》的学术讲座，她自己边讲解，边弹琴，边歌唱（有时请三两个自己的优秀学生配合演唱），课堂里生动活泼，恰似一场附有解说又高雅动听的音乐会。至今很多听过她的讲座的老音乐家、老艺术家还记忆犹新，津津乐道。

　　蒋英还撰写了《欧洲声乐技术和它的发展》、《德国艺术歌曲》等论文，翻译了松德伯格的《歌唱音响学》等著作，编译了舒伯特、舒曼、勃拉姆斯、德沃夏克以及法国艺术歌曲等教材，选编和译配了三册《世界著名女高音咏叹调》等歌剧教材。蒋英为我国声乐艺术和音乐教育做出了杰出贡献。

　　蒋英有一颗火热的心，她是那么真诚地热爱着祖国和人民，

与傅海静、
马旋合影

她把自己全部学识和智慧，才华和精力，都毫无保留地无私地奉献给了她的学生、她的同行和她的所有求教者。许多音乐人经她指导、教育，茅塞顿开，真如灵丹一粒，点铁成金。50多年来，她陆续培养出一批杰出的歌唱家，例如吴雁泽、张汝钧、傅海静、祝爱兰、姜咏、吴晓露、孙秀苇、赵登营、多吉次仁、马洪海等等，可谓桃李满天下。他们至今仍活跃在国内外的音乐舞台上，异彩纷呈，为国争光。

与张兴彦、孙秀苇、
钱致文等合影

　　我听说,很多外国著名的音乐艺术专家通过蒋英的学生在国际上出色的歌唱表演,也发现了蒋英教授,对她高超的音乐艺术造诣赞口不绝。

　　例如,1983年10月2日晚,在伦敦英国皇家歌剧院举行本森-赫杰斯金奖国际歌唱比赛的决赛,参加裁判的是来自世界各国的200多位著名声乐专家、教授。在皇家歌剧院的乐队伴奏下,傅海静穿上蒋英老师为他置办的西装,激动地演唱了威尔第《茶花女》中一

与张汝君、谭美兰、叶佩英
等合影

段名曲和玛勒的《漂泊者之歌》。梁宁演唱了莫扎特《费加罗的婚
礼》中凯鲁比诺的咏叹调和勃拉姆斯的《茨岗之歌》套曲。这次比
赛结果：在18个国家和地区、82名绝大多数都是西欧和美国的青年
歌手之中，傅海静和梁宁分别获得了第2名和第4名，占了全世界获
奖名次的一半。

　　不少外国专家都惊奇地说："真想不到，中国人演唱西方人都
认为难度很高的名曲，竟也能如此传神?！""他们能如此娴熟地运

用意大利语、法语、德语演唱，真是难以想象！"等等，他们纷纷追问："你们的音乐导师是谁？"傅海静和梁宁骄傲地回答说："我们的导师是蒋英！"

又如，祝爱兰这位在外国歌剧舞台上小有名气的女高音歌剧演员，早期得到蒋英教授严格的音乐艺术基础教育，后赴美国进修。1987年获得美国哈特音乐学院硕士学位，当她以优异的成绩毕业并演出《玛侬》时，学院特意邀请蒋英教授赴美参加她的学生祝爱兰的首演式并进行讲学。当蒋英教授在哈特音乐学院结束她的学术报告时，她高雅的艺术气质、非凡的音乐造诣和流利纯正的英语，使该院师生为之倾倒，音乐学院院长当即再三提出邀请，恳切地表示欢迎蒋英教授再度光临指导。

再如，藏族歌手多吉次仁1987年在西北民族大学艺术系毕业，然后在西藏大学任音乐欣赏课教师近8年。1994年，他在空政歌舞团开始专业歌手的生涯，这期间，有幸得到了蒋英教授的指导。当时，蒋英已是77岁高龄，但多吉的纯朴善良和对学习歌唱艺术的刻苦而执著的精神，让蒋英十分感动和喜爱，她不遗余力地倾心培养了多吉次仁有三年之久。

1997年9月，在蒋英的推荐下，多吉次仁赴法国参加第六届国际

与姜咏合影

歌剧演唱大赛。比赛云集了13个国家的85位声乐高手。多吉次仁是第一次出国、第一次参加国际大赛，他怀着虚心学习的心态参加初赛时，多吉被安排为最后一个出场。当他用法语演唱完比才的歌剧《卡门》中的咏叹调《花之歌》后，进入了复赛，多吉接着演唱了大赛指定的两首歌曲：用德语演唱莫扎特的《魔笛》、用法语演唱《浮士德》中的《向小屋致敬》。

第二天，他怎么也没有想到竟被通知进入了12人的决赛！他开

与多吉次仁合影

始有些紧张，上半场，多吉演唱了普契尼的歌剧片断，观众掌声如潮，经久不息。下半场进入最后的冲刺时，多吉用意大利语演唱了《艺术家的生涯》中的"冰凉的小手"，这首极具抒情色彩的咏叹调，被多吉演唱得激情绽放，那纯美、极富穿透力的嗓音以及对欧洲古典歌剧的领悟力与表现力，深深震撼了观众和评委……多吉次仁最终夺得了这次国际歌剧演唱大赛的冠军！

此后不久，他获得了在美国科罗拉多歌剧院学习和演出的机

在参加中央电视台
"感动中国2007
年度人物"颁奖
典礼后与顾吉环、
吕杰合影

会，在进修的两年时间里，他多次参加了美国国内最重要的比赛，先后摘得七个冠军。因此，国外媒体称多吉次仁为"藏族的帕瓦罗蒂"。多吉曾激情满怀地说："没有蒋英老师的指导，就没有我的今天，她是我心中的女神！"

名师出高徒，国际歌剧演唱大赛的评委们通过多吉次仁，发现了他的导师蒋英教授，他们诚恳地邀请蒋英教授参加他们的评委，经常和他们一起工作。蒋英教授婉言谢绝了。她像以往一样，为了照顾钱学森的生活和工作，不得不在自己的专业方面继续做出了牺牲。这样的事例还很多。

记得钱学森曾真诚而动情地对爱妻蒋英说："没有你，也就没有我了。"我觉得这是他的真心话！我想这也是我们为什么不仅要敬重这位伟大的科学家钱学森，还要永远铭记这位为了钱学森、为了祖国的"两弹一星"，牺牲了自己心爱的歌唱生涯的杰出的音乐家蒋英，这位具有高尚情操和真爱的大艺术家蒋英。

2011年12月，在"纪念钱学森百年诞辰"大会以后，我一直想去看望病中的蒋英老师，然而她总是说："不用了，等我好了，我到密云去看你吧！"回想就在今年的除夕之夜，我曾拜托永刚捎去一大盆含苞欲放的紫粉色蝴蝶兰和我对蒋英老师的亲切问候，后来永刚告诉我说："我妈妈看到这些花以后欣慰地说，'嗯，这花挺好看的，我看到这花就像看见学敏了……'。"其实她不知道，我一直是多么的想念她，多么想再见到她，和她说些知心的话啊！……

大约十天以后，正当大家筹划着如何与亲爱的蒋英一起过一个快乐的团圆节的时候，她的病情开始危重了。我听说，她迷迷糊糊昏睡了两天以后，2012年2月5日上午，她忽然慢慢睁开她那双美丽的大眼睛，依依不舍地望着身边的永刚、永真、黎力、德奋、钱磊、马潇等儿女亲人，双手抚在胸前深情地说："你们永远在我的心里……"话音未落，她的眼角里淌出了泪水……

然后她那纯净的眼神又转向那盆正在阳光中绽放的蝴蝶兰，断断续续吃力地说："学森最喜欢这种淡紫色的兰花了…… 他一个人在那边很久了，一定很寂寞……我该去陪陪他了……"想不到蒋英老师说完以后，没过多久，就静静地走了，室内依然飘散着蝴蝶兰沁人的幽香……

现在敬爱的蒋英老师已与他相爱一生的钱学森相会在天堂，让我们时常仰望星空，看那双星辉映，光照人间吧。

怀念

HUAI NIAN

JIANG YING LAO SHI

蒋英老师

妈妈 您走好
——在蒋英教授追思会上的发言 钱永刚

很高兴应邀参加中央音乐学院组织的我母亲的追思会。在接到请帖的时候，我问发帖人："我能不能多请一些人？"他们说："没问题，完全可以。"所以，我把一些请帖给了我父亲曾经工作过的中国科学院力学研究所，他们今天来了将近20位同志；我还把一些请帖给了航天的"钱学森与中国航天"课题组的老同志，他们都是已经退出工作岗位的局级的领导。大概三年多以前，他们自发地走到一起，开始为我父亲百年诞辰而撰写《钱学森与中国航天》一书，现在这本书已经面世了。我说那就用这几张请帖作为对你们的慰劳,今天他们也来了;当然,还有我父亲办公室的同志们。今天很凑巧的是,我父亲在力学研究所工作时,作为我父亲回国以后第一任秘书的张可文老师和我父亲现在的秘书涂元季同志坐到了一起。我想,这种历史的巧合也为今天我母亲的追思会增添了光彩。

2009年10月29日,我把已经病危的父亲送到了解放军总医院,从那一天起,到2012年2月10日把母亲送到八宝山革命公墓火化,之间一共834天。两年多一点的时光,对我来说是一段让我并不开心的日子,因为我先后送走了我的父亲、母亲。每当想起他们的音容笑貌,现在再也见不到了,我会暗自落泪。很多人问我:"你爸爸妈妈对你的教育,你是否记得一两件印象深刻的事?"我说我记不得了。但是我又无时无刻不感觉到他们对我影响的存在。他们教育子女的特点是身教重于言教。虽然我身上有着党的教育、社会的关心和教育的痕迹,但是他们二老对我的教育给我留下的痕迹也是非常明显的。我记得,在连队当兵的时候,那时是一个极左思潮盛行的年代。连队党支部在讨论我入党问题的时候,连队的干部对我的评价就是,我身上知识分子的烙印过于明显。以此为理由,把我入党时间一拖再拖。从中可以看到,尽管我父亲、我母亲在我印象中并没有多少让我印象深刻的实例，但是他们的言行举止无形中给了我很多影响。了解我、熟悉我的人会觉得我可能有一些优点，那么我要说，我这些优点的存在就正是我爸爸妈妈他们教育的结果。

现在，我的父亲母亲走了，他们在我心中都是伟大的，但是他们伟大的方式是不一样的。我父亲是一个对国家、对民族、为社会，甚至可以说为历史做出过重大贡献的人，这个就不讲了。我母亲在我心目中，我非常佩服在她身上所体现出的那种知识女性的风范。大家知道，我妈妈是身出名门，身嫁名人，事业有成的这么一个女性。她完全可以像我们见到的社会上许多知名女性那样生活。但是，我妈妈用她一生的行为，完满体现了一个知识女性的自立、自信、自强的风范，从而赢得了不仅仅女性，而且赢得了男士们对她的尊重。我想，这应该是四化建设中国民素质培养的一个重要方面，我们在这方面还有不小的差距。

大家知道，我父亲和我母亲最初他们是由对音乐的共同喜好走到了一起。我父亲小的时候，我爷爷提供机会，教我父亲在学习理工科课程的同时，接触一些艺术，譬如学画画、学吹奏一些乐器、学摄影等等。在经历了几种艺术形式的学习过程，他最终选择了音乐，将欣赏音乐作为他最喜爱的艺术形式。我父亲后来到了上海，进了交通大学，他穿着长袍，到租界里头去听外国人演奏的交响乐；到了美国麻省理工学院读研究生，他是波士顿交响乐团排练场的常客，那里演奏的交响乐常常令他流连忘返。有了这么一个基础，当他1947年回国探亲的时候，见到我母亲，而我母亲就是搞西方音乐的，两个人的共同语言找到了，他们走到了一起。

走到一起以后，他们互相发现彼此还有其他的共同点。当时社会对国民党政府普遍不满，而对国民政府的不满是我父亲在交通大学念书的时候就有的，那个时候学校绝大多数学生对国民党的统治都表示不满。我父亲母亲他们在谈恋爱的时候，我父亲就说，也算是给一个国民党高级将领的子女——我们现在叫国民党高干子女——敲警钟吧，他说："我可是同情共产党的哟！"他没有想到，我母亲对他说："就是你到新疆去找共产党，我也跟你一同去。"为什么呢？就是因为我母亲她在欧洲留学的时候，看到了那里的国民党外交官置国民抗日这么一种艰苦的形势于不顾，在国外花天酒地的生活。对国民党的这种腐败行为，我母亲十分不满。我想我爸爸听了这话也感到很宽慰，他们俩之间又多了一个共同点，就是对国民党政府的不满。

他们走到一起后，发现彼此认同的地方就更多了：都有对文化的爱；都有对科学技术对今天社会发展重要性的认识；而且，对于教育、对于教育子女都有非常一致的做法。回想起我小的时候，念小学、念中学，他们对我，今天想起来，那真是非常的宽容，基本上你是五分多四分少，就那个水平，他们认为就可以了。

半个月前，我到上海复旦大学去参加讲座，和复旦大学的老师聊起"什么是最好的教育"这个话题来。我就跟他们讲，我说冯·卡门对我父亲就很宽容。当我父亲博士论文答辩得了一个四分的时候，出来后有一点不爽，他的老师冯·卡门过来，拍拍他的肩膀说："钱，你知道我当年博士论文答辩的分数吗？和你一样，也是四分。"我父母亲对于教育、对于子女的教育都是一种身教重于言教，而且对于学生、孩子的功课相当宽容。你能说这是对孩子的溺爱吗？我认为不是，这恰恰反映了他们对教育本身真谛的理解。我在参加一些高校"如何回答钱学森之问"的讨论时，我就讲这个观点：要求学生努力学习是天经地义的，至于说到成绩，老师们还要"手下留情"。

他们俩还有一个共同点给我印象最深的，是他们两个共同对于钱都有一种不受制于钱约束这么一种理念。我记得我父亲母亲拿了工资以后，都是放在我父亲书桌中间的抽屉里头，一个信封，两张信纸，有大项开支都在上面写上，画一个减号，300；画一个减号，170 ，就这样。我母亲教书、教学生是不收钱的，这个一直持续她一生，都是这样。不仅不收费，而且还要"倒贴"。记得1979年，改革开放刚刚开始的时候，我母亲的学生傅海静获准去英国参加一个声乐比赛，那个时候大家知道，傅海静的收入也没几个钱，我母亲在一次上课上完了，下课的时候，给他300块钱，说"你拿着，去置一身西服，买双鞋。歌要唱得好，形象也要注意嘛。"傅海静后来专门做的西服，一套西服280多块钱，还剩十几块钱，去买了双皮鞋，正好300块钱。

后来，上世纪80年代，内蒙古自治区的一个"无伴奏合唱团"到北京演出。不知道什么原因，演出效果不理想，以至于住宿的经费都很紧张，就住在我们家那个院附近玉渊潭公社的一个招待所里面。最后连返程的路费都成了问题。不知道我母亲怎么得到这个消息，把我叫去，对我说："今天你给我办个事，去银行取1200块钱，取出来送到学校。"那个时候，1200块钱啊！我从银行取出现金，揣在兜里，我身上从来没揣过这么多钱。那个时候还没有100元一张的钞票，票值最大的是10块钱一张，1200元那得多厚！我骑着自行车，走在路上，我是提心吊胆啊，生怕碰见歹徒，把我的钱给抢了。记得走到阜成路路口那里，遇上红灯，我骑车停下来，有人从背后拍了我肩膀一下，吓了我一跳。回过头一看，还好，是我初中的一个同学。总算送到了音乐学院那个三号楼，把钱交给我母亲，我心里才踏实下来了。

其实，各位老师、同学，我来音乐学院应该说有不少次了，可是，多数和艺术没有关联。有几次就是纯属执行我母亲的命令，给我母亲送钱来了，从银行取出钱来，给我母亲送去。在我印象中，上世纪60年代，延边朝鲜自治州一个女同志，到音乐学院进修。结果唱了一段时间以后，不知道是什么原因，检查出来身体有病，不能唱了，但是医疗费那个时候她付不起，也是我妈妈吩咐我："永刚，拿着折子去取钱，取完钱立刻送给我。"像这类事我大概干过四、五次。后来我对我母亲说：我进音乐学院，多数不是为了艺术而来，而是为"钱"而来。

我母亲的这些行动都得到了我父亲的支持，每当我母亲跟我父亲说起"这个月的钱都花在……上了，其中给学生……"的时候，我父亲都会说："好，你做得对，学生哪有钱啊？向学生要钱，这个老师我看不是好老师。"回忆起我父亲80寿辰的时候，中国力学学会和中国空气动力学会联合国内很多大学和科研院所，在清华大学举办了一个纪念我父亲科学思想的研讨会。第一天的上午我把我母亲也请过去了，我记得今天在座的涂元季秘书做了一个小时左右的发言，中午我就陪我母亲回去了。后来，涂秘书告诉我，他在那儿吃午饭，会议因为人多，吃的是自助餐。他坐的餐桌还有空位子，有个人端着自助餐的盘子坐到他身边，那个人就跟涂秘书说："听了你的发言，我很受教育，但我觉得你的发言当中有不足，你听听我说的有没有道理。"涂秘书请他讲。他说："你今天这个发言都是说钱老怎么行、怎么好的，我觉得你应该加上他的老伴对他事业的支持，是吧？否则的话，现在这个社会上这种人见的多了：家里人想学雷锋，老伴不愿意；大人想学雷锋，孩子不支持。这种事屡见不鲜嘛。"涂秘书回来跟我说这个事，我觉得这个同志提的意见非常值得我们思考，所以我们以后编撰我父亲的书里，我们都把反映我母亲的事情也附在里头，使大家对于这么一个用他们一生的心血为国家、为民族、为社会做贡献的人，认识的更加完整，反映的更加深刻。

看到今天的追思会现场来了这么多老人，让我非常感动。我不忍让他们在这里坐太长时间，我不能再讲下去了。就借此机会向所有为这次追思会成功举办付出辛勤劳动的各位老师、各位同学表示我深深的谢意，作为我发言的结束吧。

怀念
HUAI NIAN
JIANG YING LAO SHI
蒋英老师

附

录

德国艺术歌曲发展简史

蒋 英

编者按：1984年，蒋英教授在中央音乐学院大礼堂为来自全国各地的声乐老师、演员和学生近千人作了题为"德国艺术歌曲发展简史"的学术报告。在四个小时的时间里，蒋先生边弹钢琴，边演唱，边分析讲解，并由先生的学生傅海静、姜咏和杨洁示范演唱了有代表性的德国艺术歌曲。这场学术报告内容丰富、详实，介绍的许多作品在国内鲜为人知，填补了我国声乐教学内容的一个空白，形式又生动活泼，不但受到听众的热烈欢迎，而且在我国声乐界也引起了强烈的反响。

　　1996年，蒋先生的学生、北京师范大学副教授成秀兰将蒋先生的报告根据录音整理成文，蒋先生亲自校阅并作了补充。为纪念蒋先生95岁诞辰，成秀兰又对该文进行了认真的校阅，并对大部分诗歌、歌曲及其作者括注了外文名。

今天我给大家讲德国艺术歌曲的发展，分三个部分：第一，我简单的介绍一下基本情况；第二，我在钢琴上弹几支歌，我想，实际例子更能说明问题；第三，请姜咏、傅海静和杨洁同志为我们演唱几首重要作曲家的代表作。

第一部分

资本主义取代封建主义，使人类社会经历了一次飞跃。18世纪末到19世纪，是德国资产阶级进步文学发展的一个重要阶段——浪漫主义阶段。这个时期的作家要求艺术作品反映真实的生活，特别是感情的真实。他们认为艺术作品应该像民间文学那样自然、朴实，反映人民的思想感情和愿望。在这个时期产生了一批德国文学史上最优秀的篇章。德国人民喜爱民歌有悠久的历史传统，其历史可追溯到中古时期，而作为文字的诗歌与作为声音的音乐相结合，就产生出一种新的艺术形式，因其是在德国产生的，即被称之为德国艺术歌曲。这个新的艺术形式是德国音乐文化继交响乐、奏鸣曲、古典歌剧、室内乐之后，为人类艺术做出的又一重大贡献。它最突出的特点是把诗词与音乐融合成为完整的一体。这样，它比民歌，比一般的歌曲，其艺术性更高，并为这种艺术形式的发展，开辟了新的途径。它在当时已经冲破了封建统治的禁锢，开始走出教堂和宫廷，进入普通家庭和爱好者的集会，走向更为广大的社会活动空间。

一、德国艺术歌曲的早期

德国艺术歌曲的发展经历了一个漫长的过程，早期阶段涌现出来的名家、名作多为我国听众所不熟悉。

首先介绍四位对德国艺术歌曲的建立和发展做出了重要贡献的艺术家。

第一位H.许茨（Heinrich Schütz, 1585~1672），是第一部德国歌剧《达佛涅》（Dafne）的作者，是巴赫前辈中最重要的大师之一。他曾游学意大利，随G.加布里埃利学习，将意大利式的合唱风格融入德国的复调音乐风格中，传世有大量的声乐作品，代表作如

《月亮升起来了》（Der Mond ist aufgegangen）。

第二位C.P.E.巴赫（Carl Philipp Emanuel Bach, 1714~1788），卡尔·菲利普·艾曼纽尔·巴赫是J.S.巴赫的次子。他也是德国艺术歌曲早期发展中的重要人物，他不仅是一位健盘大师，而且创作了大量的歌曲。

第三位是J.F.赖夏特（Johann Friedrich Reichardt, 1752~1814），曾任腓特烈大帝宫廷作曲家和指挥，一生留有歌剧12部，歌曲100多首，代表作品有《紫罗兰》等。

第四位是C.F.策尔特（Carl Friedrich Zelter, 1758~1832）。他是歌德的好朋友。1809年在柏林创建歌曲学校，1820年创办皇家教堂音乐学院，并与门德尔松共同从事巴赫作品的复兴活动。 他的名作是《玫瑰的彩带》（Das Rosenband）。以上四位音乐家，对于艺术歌曲的建立和发展做出了重要的奠基性质的贡献。德国著名音乐学家、评论家H.里曼（Hugo Riemann 1849~1919）编写的《德国艺术歌曲集》比较全面地介绍了这个时期的优秀作品。但由于这个时期的作曲家坚持以C.W.格鲁克（Christoph Willibald

Gluck，1714~1787）为代表的传统思想，认为音乐作品必须以音乐为主，而诗词处于仆从地位，从而没能使这一萌芽状态的新形式迅速地发展起来。

F.J.海顿(Franz Joseph Haydn,1732~1809)、W.A.莫扎特(Wolfgang Amadeus Mozart,1756~1791)、L.van 贝多芬(Ludwig van Beethoven,1770~1827)是维也纳古典学派的三位大师。他们的主要创作范围不是艺术歌曲，但是他们在这个领域里却创作了具有重大意义的作品。

海顿在他晚年才接触到这个形式，他创作的歌曲，尽管旋律优美流畅，但和声、节奏都很简单，甚至部分歌曲仍旧保留着歌唱剧的痕迹。从前奏和间奏部分中，都令人感受到这位器乐作曲家的特点。他以朴实的民歌手法谱写的《上帝保佑弗兰茨皇帝》（Gott erhalte Franz den Kaiser）被推选为奥地利的国歌，而《赞颂懒惰》则是一首带有低音色彩的讽刺性分节歌，流传很广。值得一提的是，海顿为英语诗词谱写的歌曲达到了较高的艺术水平，其中最著名的有《美人鱼之歌》、《田园歌》、《水手之歌》等等。他的作品最适合初入艺术歌曲领域的学生作为初级教材。

　　莫扎特一生只写了三十几首歌曲，大家熟悉的《渴望春天》（Sehnsucht nach dem Frühlinge）是一首儿歌，是民歌式的分节歌。《路易丝烧毁了她负心人的信》和《致克罗埃》都是短小但质量上乘的珍品。前者是压缩成一支连贯式的歌，被处理成分节式和连贯式结构的混合，中间又不乏一气呵成的戏剧片断；后者则是一首是小咏叹调，有着严谨的结构、流畅的旋律、丰富的和声和调性的变化。《傍晚的心情》中虽然存在语言、旋律并不完全统一的地方，但是庄重、协调的音乐语言真切地描绘了渴望得到永久安宁的人的心情，也不失为一首佳作。他为歌德的同名诗歌谱写的《紫罗兰》（Das Veilchen）是德国早期艺术歌曲发展中最完美的创作。这首作品采用连贯式手法，拟人化的表现了紫罗兰的生动形象，通过调性色彩的变化、大小调的对比，如泣似诉的道白，把它的向往和不幸遭遇，刻画得栩栩如生，十分逼真动人，为艺术歌曲开拓了发展的道路。

　　贝多芬的歌曲，更深刻地、更宽阔地表达了人类丰富的精神世界。广为传唱的《我爱你》(Ich liebe dich)，以及《忧伤中的喜悦》(Wonne der Wehmut)、《在阴暗的坟墓里》(In questa tomba oscura)和《阿德拉伊达》(Adelaide)均以情感的朴实、深沉见长。在《致远方的爱人》(An die ferne Geliebte)中，他开始尝试将数首歌曲以钢琴间奏的手法联系在一起，探索声乐套曲的形式。与他的器乐创作一样，贝多芬善于表现庄重的哲理性的题材。他为C.F.盖勒特(C.F Gellert)6首诗谱写的组曲，为C.A.蒂德格(C.A Tiedges)谱写的《致希望》(An die Hoffnung)，可以说是他最成功的作品。他讴歌巍峨壮丽的大自然、真诚的友情，对未来的憧憬；思索人之生死，追问苍天谁主浮沉，用连续进行的八度和弦描绘出星光灿烂的天际，表现出对人生充满希望和信心，这种处于萌芽状态的思想在后期创作的第九交响乐《欢乐颂》(Ode to Joy)中得到淋漓尽致的体现。

　　总的说来，在维也纳三杰时期，艺术歌曲开始摆脱了外国音乐文化的影响，逐渐形成具有德国民歌特点的艺术风格，这是德国诗歌艺术传统与德国音乐艺术传统相结合的结果。应当看到，海顿只是成功地表达了诗歌的意境，莫扎特作为天才的歌剧作家试图用这一形式表现人物、剧情，贝多芬虽然关注题材的思想性，涉及到了人的精神境界，但他们终究探索多于成功，传世作品有限，所以说他们的创作只是开拓了新形式的发展方向，仍属于草创阶段。

下面介绍分析早期柏林学派和莫扎特的几首歌曲。

第一首歌是H．许茨的《月亮升起来了》，歌词大意是：月亮升起来了，升起来了，在天上闪烁着金色的星光，一片寂静笼罩着深沉的树林。白色的雾，多么美丽。第二段也是分节歌：世界在这傍晚的时刻显得多么安静，在小小屋里，人们在睡眠中，把白日的忧伤忘怀。

第二首是C．F．策尔特的《玫瑰的彩带》。玫瑰的彩带象征爱情。歌词大意是：第一段，在春天的影子里我找到了她，我用玫瑰彩带将她捆绑，她没有感觉到，她在睡觉；第二段，我一眼看见她，就把我的生命和她联系在一起，我只是感觉到，但我不知道。我悄悄地摇曳着玫瑰彩带，她从梦中苏醒；第三段，她第一眼看见我就把她的生命和我相联系，在我们的周围再现了天堂。这是一首很纯洁、很美好的爱情的歌。歌词是浪漫主义诗人克洛卜施托克 (Friedrich Gottlieb Klopstock, 1724~1803) 的作品。不但策尔特对他重视,以后好些歌曲作曲家,包括舒伯特、R.施特劳斯都为这首诗谱写了同名艺术歌曲。

第三首是J.F.赖夏特的歌《紫罗兰》。《紫罗兰》是歌德的一首有名的诗歌。钱春琦同志已将其译成中文:紫罗兰开在草坪上,低着头儿无人欣赏,多可爱的紫罗兰,年轻的牧羊姑娘走来,脚步轻松,心情愉快。走来,走来,唱着歌儿走在草坪上。紫罗兰想,但愿我是自然界最美丽的花朵啊。只是短短的一瞬间等待恋人把我采下来,紧紧地压在他胸上。啊,只要是一刻钟时光。啊,姑娘走过来了,对紫罗兰毫不关心,竟踩倒了紫罗兰。可怜的紫罗兰,倒下,死去。"我虽倒下死去,却很高兴,我虽倒下死去,但我却死在他的脚下。"这说的不是紫罗兰,是借紫罗兰描绘姑娘的心情。这是浪漫主义经常采用的比拟手法。

《月亮升起来了》、《玫瑰的彩带》和《紫罗兰》这三首歌都有一个共同特点,那个时候的歌曲与那个时候的建筑物一样,都是非常重视内在的平衡。文艺复兴时代的建筑物都是讲究对称的。音乐也是这样。赖夏特写的是三句三句，上下对称。

《紫罗兰》这么一首很有名的诗词，赖夏特是这样谱曲的。那么，莫扎特是怎样谱曲的呢？

（弹奏）

莫扎特用这个来表示紫罗兰低着脑袋很谦虚、很朴实的。

（再弹一遍）

这是旁白。

（弹奏）

可怜的紫罗兰。紫罗兰的形象大家看到了。现在姑娘来了。姑娘怎么来的呢？

（弹奏）

这是姑娘，她没有顾虑，心情很舒畅，脚步很轻快，她来了。

（弹奏）

这是她轻快的脚步。

（弹奏）

然后，唱着歌，还往前走着。

（弹奏）

一共三个音型，把姑娘的形象塑造出来了。我们看到姑娘来了，紫罗兰也看到姑娘来了。它就想啊，唉！这是它的叹息。然后，它幻想了，假如我是自然界最美丽的花朵。

（弹奏）

它的梦想变成现实了。姑娘把它压在她的胸上。

（弹奏）

大家听听这是不是一瞬间。

（弹奏）

就是一瞬间实现我是最美丽的花朵。那么，姑娘来了。她怎么来的呢？

（弹奏）

这个预示到了不幸。

（弹奏）

姑娘来了。她的脚步是这样。

（弹奏）

莫扎特用朗诵调说出来了，她把紫罗兰给踩死了。

（弹奏）

紫罗兰倒下，死去了。

（弹奏）

转调了。它死了，但是它还是很高兴。这个歌，从诗词上说，到这儿就完了。但是从音乐上我们觉得不满意这样结尾。

（弹奏）

天才的莫扎特，给了它一个后奏。旁白的，再说一句，啊！可怜的紫罗兰，多么可爱的紫罗兰。

（弹奏）

这就是我说的莫扎特开辟了新的途径。莫扎特谱曲的《紫罗兰》，从 G 大调回到最后的 G 大调，中间遨游了七个调性。莫扎特是个天才的戏剧家，每一个变化他用一个调性。他是怎样漫游这七个调性，最后又回到G大调来的呢？

（弹奏）

这是紫罗兰的调。一小段，前奏，七小节。这个跟赖夏特不一样，跟前边的不一样，那些都是对称的。所谓对称，就是上下句，两句两句，不是两句就是四句，再就是八句。莫扎特不要这个，突破了它。歌德是十三句话，莫扎特给了七小节。这叫做不平衡中的平衡，大家感觉到很满足。以后好几个地方，他都用三小节，五小节，或者三小节加六小节九小节，给人一种很新鲜的感觉。

　　（弹奏、演唱）

　　这是引子，紫罗兰来了，这是G大调。然后姑娘来了，他肯定不会用同样的调性。他用了G大调下面从属的D大调，表现姑娘。然后，紫罗兰有点忧伤，在问自己，唉。

　　（弹奏）

　　他用平行的 g 小调。

　　（弹奏）

　　假如我是。

　　（弹奏）

　　这是他的幻想。那么变成现实了，美好啊，美好啊，所以他用降B大调。

（弹奏）

这是 降B大调，结尾了。那么现在姑娘又回来了。

（弹奏）

很长一个休止符。紫罗兰死了。紫罗兰倒下，他是用c小调。

（弹奏）

然后他准备回G大调。

（弹奏）

这儿回到G调来了。然后旁白，用G大调。

（弹奏）

诗词当中象征的语言，莫扎特用音乐都给它刻画出来了。这样，使得艺术歌曲的发展道路打开了一个新局面。

所以我们看，一个小小的艺术歌曲里头，有人物、有心情、有行动、有叙述。不能叫宣叙调，但有宣叙的因素，有咏叹的因素，也有道白，那么丰富。这就是《紫罗兰》，莫扎特的《紫罗兰》。

再谈一个典型，就是压缩式的《路易斯烧毁她负心人的信》。

（弹奏）

　　大家可以听得出来，她的情绪是愤慨，她很激动。在一个小小的歌里，莫扎特运用他的戏剧性的天才，描绘了这么一瞬间那一个姑娘的感情。歌词的内容是这样的：当路易斯把她负心人的情书烧毁的时候，"热情幻想的产物，你们是在迷恋的时候诞生的，去吧，去吧，彻底消灭你们。你们这些悲痛的孩子，你们是在火焰中诞生的，我把你们还给火焰。那些赞颂的歌，它不只是唱给我一个人的。燃烧吧，不久连一点影子也没有了。但是，写信的人，却长时间地燃烧在我心里。"一个姑娘，很激动。那怎么表现她呢？

（弹奏）

　　这是她的愤慨，这个很清楚。

（弹奏）

　　大家听一听，这就是火焰，唐璜下地狱的时候出现的火焰，也是这个火。

（弹奏）

　　这又是火，小火，已经烧得快没有了。

（弹奏）

那么，信烧掉了。这也是艺术歌曲，也是艺术歌曲的一种类型。上面谈到的几首歌曲的现实主义的创作手法都是很清楚的，人物啊，感情啊，行动啊，但是，歌曲当中有各式各样的，不都是现实主义的。更深刻一点描绘人们的思想感情，是没法用现实来说的，有许多最深情的歌，它还是偏重于纯音乐方面的。

最后介绍一首莫扎特的《傍晚的心情》，它也是有暗示性的。傍晚的时候，夕阳西下。人到了已经走尽了人生道路的时候，就是进入了傍晚的时刻。歌就是描写他这个时候的心情。它不是现实的手法。所以我就不一句一句地解释了，歌词的大意是：傍晚，太阳已经无影无踪。月亮放出银色的光。就这样，人生最美好的时光将消失。大幕落下了。微风轻轻地吹来，告诉我人生的旅程将结束了。我将要到永恒安静的国土。朋友在我的坟上洒一滴眼泪，摘下我坟上的一朵紫罗兰。用你温柔的目光向上张望，你的眼泪将是我王冠上最美丽的珍珠。我认为这首歌是莫扎特晚年成熟期的作品，他仅仅是用音响来创作一种意境。

二、德国艺术歌曲发展时期

F.舒伯特（Franz Schubert，1797~1828）生活在资产阶级革命处于低潮，而暂时出现的封建复辟的时代。他把艺术歌曲提高到新的水平，而在这块领域里开辟了新的天地。舒伯特开创了艺术歌曲的时代，这与巴赫对古钢琴、海顿对乐队的发展和贡献是一样的性质。他的歌曲创作和以下三个方面有着紧密的联系：维也纳古典音乐的传统、德国浪漫主义文学的诗歌和奥地利民间音乐的素质。他从柏林学派吸取了民间音乐各种分节歌以及较长的叙事曲的创作手法。他的多种多样的表现形式、无穷尽的曲调源泉、色彩丰富的调性变化，以及伴奏中不同的音乐形象和意境，都是从诗词中得到的启发。他把人物、剧情、自然景色用音乐语言综合为完美的一个整体。

舒伯特曾经给他的朋友写信，说过这样的话："所有这些自然的景色，我都是从诗词中得到启发的。"舒伯特一生没有机会远游，生活和工作也都在维也纳，他到过的最远的地方就是奥地利南部山区格拉茨（Graz）小城，所以他没有看见过高山，也没有看见过海洋。他的歌曲里描写的那些壮观恢弘的自然景色是从那里来的？都是从诗词中得到启发的。作品第3号有一首歌《大海的寂静》（Meeres Stille），他用几个大胆的旋律就抓住了诗歌的意境，使你一听就感觉到展现在我们眼前的是一片汪洋大海，无限宽阔的天际，不是河流也不是湖水，也不是小溪，区别就在这里。舒伯特并不沉溺于个人世界中，他对生活的感受和表达正如大多数人对生活的感受和所想要表达的一样，平易质朴。他的音乐犹如和人交谈，极容易被人领会。J.W.von.歌德的诗歌代表了时代的新精神，强调民族的感情、民族的语言，歌颂祖国，歌颂大自然、自由和爱情。

舒伯特谱写了体现时代精神的作品，吸引着当时的进步人士，他最重要的功献之一就是把德国艺术歌曲从外来音乐的影响中解放出来，使之摆脱了意大利、法国学派的音调而赋予它以鲜明的民族色彩，他为W.米勒诗词谱写的《美丽的磨坊女》(Die schöne Müllerin)和《冬日的旅行》（Winterreise）两个套曲是其代表作。套曲的主人翁在生活的道路上追求幸福与爱情，但遭到不幸的结局，这带有自传性的叙述充分地体现了真正的知识分子在复辟时代境况中的内心矛盾和苦闷。

舒伯特晚年为雷尔斯塔布（L.Rellstab）、Hv海涅和塞得尔（J.G.Seidl）的诗谱写的歌曲,在他死后被他的朋友们汇编为《天鹅之歌》（Schwanengesang），这个套曲也同样具有深刻的思想内容和完美的艺术表现。

舒伯特音乐语言的发展和独创性，主要源于他深入地探讨人的内心情感体验，从明朗的田园抒情性一直到强烈的、深刻的悲剧性，他都力求以更新的、更宽阔的、更细致的手法来表达人类丰富的精神世界。歌德的诗词在舒伯特歌曲创作中占有特殊的地位。《田野的小玫瑰》、《纺车旁的格蕾欣》（Gretchen am Spinnrade）、《魔王》（Erlkönig）都是歌德的诗词。还有《人的限度》、《浪游者》（Der Wanderer）、《伽尼墨得》（Ganymed）。伽尼墨得是一个男孩的名字，他是一个漂亮的青年，老鹰把他叼上天去，送给在奥林匹斯山上的宙斯神，成为宙斯的情人和侍酒童。这也是歌德的很有名的一首诗。很多作曲家，如莫扎特、舒曼等都谱写了这首诗。普罗米修斯是希腊神话中的英雄人物，他去为人类盗天火。这也是歌德很有名的诗篇。舒伯特的艺术歌曲塑造了如普罗米修斯这样的巨人形象，使我们看到抒情的舒伯特之外还有一个刚强、高大的、深思熟虑的舒伯特。

　　R.舒曼(Robert Schumann,1810~1856)是继舒伯特之后，德国艺术歌曲的另一位重要人物。他赋予J.von 艾兴多尔夫(Joseph von Eichendorff, 1788~1857)、F.吕克特、H.海涅、J.L.乌兰德(Johann Ludwig Uhland 1787~1862)等人的诗歌以新的音乐语言。舒曼为海涅谱写的《诗人之恋》（Dichterliebe），为艾兴多尔夫谱写的《歌集》，为A.von 沙米索（Adelbert von Chamisso, 1781~1838）谱写的歌曲套曲《妇女的爱情与生活》（Frauenliebe und-leben），是他艺术歌曲的代表作。《月夜》（Mondnacht）、《核桃树》（Der Nussbaum）、《春夜》（Frühlingsnacht）属于优雅深情的作品；《两个掷弹兵》（Die beiden Grenadiere）、《玩牌的女人》属于戏剧性的典型。

　　舒伯特的器乐作品充满了声乐的歌唱性语言,而舒曼的声乐作品充满了器乐性旋律的语言,他给钢琴伴奏更多的独立性,并很巧妙地发挥了前奏、间奏和尾声的表现力。《诗人之恋》是很好的例子,其中的《琴声悠扬》,好比一首钢琴独奏曲,歌声只是作为一个观望者的旁白,用有旋律的朗诵在叙述。舒曼的创新精神在歌曲创作中也充分体现了出来:有旋律的朗诵、复调、短小乐句的运用,在当时都是很新颖的。在舒曼的纤细的笔下,诗歌的细致变化没有不能用音乐语言表达出来的,舒曼大大地扩展了歌曲的表现手法,为后来者开拓了宽阔的途径。

C.勒韦(Carl Loewe,1796~1869)是一个被忽视的作家,但R.瓦格纳(Richard Wagner,1813~1883)和H.沃尔夫(Hugo Wolf,1860~1903)却很敬佩他并受其影响。他的特点是谱写较长的叙事曲,用说唱的形式叙述复杂的内容和人物。他谱写的《魔王》(Erlkönig)堪与舒伯特媲美。他在写实方面的创新手法,丰富多采,《塌毁的磨坊》就是一个著名的例子。但他过分地强调音乐服从于诗词,所以他的歌曲欠缺变化和展开。《爱德华》、《魔王》和《守钟人的女儿》是他的代表作。

F.门德尔松（Felix Mendelssohn，1809~1847）和勒韦正相反。他谱写的都是短小的歌曲，音乐始终占首要的地位，没有戏剧性，也没有人物和行动，歌曲的和声和调性的变化都与歌词没有直接的联系，所以可以称之为"没有歌词的歌"。弹钢琴的人都知道，钢琴曲就是没有歌词的歌。我认为门德尔松的歌具有同样的性质。他早期的歌曲在巴黎出版时，给法国的艺术歌曲以很大的促进。在当时，他的歌曲曾风靡一时，但是没有给后人太深刻的印象。他为雪诺谱写的《致远方的人》、为格莱勃谱写的《致月夜》和为歌德谱写的《楚莱依卡》和《夜歌》都是比较优秀的作品。他为海涅谱写的《乘着歌声的翅膀》(Auf Flügeln des Gesanges)是一支家喻户晓的歌。

在德国艺术歌曲的成熟期，舒伯特最深刻地掌握了艺术歌曲的精髓，用音乐去加强诗词的感染力，而通过诗词辅助地解释了音乐语言的魅力，从而使德国艺术歌曲达到了前所未有的高峰；舒曼则略偏重于文学，但他并没有失去二者之间的平衡，同样为艺术歌曲的发展做出了很大的贡献。勒韦和门德尔松都因各自有所偏重而影响了他们的发展。这一时期的钢琴，由于构造和表现技巧的提高，大大加强了艺术歌曲的表现力，客观上促进了艺术歌曲的发展。

我再给大家介绍两首舒伯特的歌曲。

（弹奏、演唱）

一首是《克莱申》，这也是歌德的诗。克莱申是一个女孩子的名字。艾格蒙是克莱申的情人。他航海远行，克莱申在家中怀着焦急的、不安的心情等待。歌词大意是:幸福,痛苦在沉思中长久地不安地在悬念的痛苦中，欢乐得上了天，绝望得好比死一样，真正幸福的心只有有了爱情的心。

这里面有很强烈的感情，幸福的爱情和为爱情所忍受的折磨痛苦。这个歌一共只有23小节，他用了很简练的手法：欢乐就给它一个大和弦，苦闷是减七和弦。就是大和弦减七和弦、大和弦减七和弦来回倒，给你创造出一种这样的情绪，使人感到舒伯特有这么强烈的戏剧性。

第二首叫《浪游者的夜歌》。也是歌德很有名的诗：山峦寂静，树梢没有一丝声息，林中的小鸟沉默稍等待，不久你也将安息。

舒伯特用两个和弦就使我们感觉到这是一个夜歌，一个安静的氛围。他用音响抓住意境，在动中求静，立刻就刻画出来了。

下面请姜咏、傅海静为我们演唱几首歌曲。

（姜咏演唱莫扎特的《致克罗埃》）

歌词大意：从你蓝色明亮的眼睛，看出你对我的爱情。我的心在胸中跳动，我的脸儿也发红。让我把你抱在我怀里，不停地吻着你。亲爱的姑娘，让我把你紧紧地抱在我怀里，直到我的生命结束，完结，我才能够放松。你那双眼睛真迷人，它怎不令人销魂。坐在这里我很疲倦，靠近你我就很愉快。

我们从中可以看到小咏叹调的痕迹。

（姜咏演唱贝多芬的《忧伤中的喜悦》）

歌词大意：别擦干爱情的眼泪，用半张开的眼睛看世界，一片灰暗，好比死一样，别擦干失恋的眼睛。

在伴奏中可以看到一滴一滴的眼泪，整个下行的旋律让人感到悲痛，贝多芬的歌曲离不开它的这一特点。在一个小小的歌里发出的交响性。你怎么理解歌德的诗？我想唱歌的人应该是一个贝多芬式的人，他不是一个脆弱的人，他是一个饱经风霜的人。在演唱时，在歌词之外，有你的再创作。我们看姜咏是怎么理解的。

（姜咏演唱舒伯特的《爱的使者》Liebesbotschaft）

这是《天鹅之歌》的第一首。歌词大意：清晨的小河明亮地欢乐地去问候我的情人，用清凉的河水，去浇灌紫红的火热的玫瑰。当她在小河旁低着头在思念我的时候，请你安慰她、告诉她，我很快就要回来。傍晚的小河，夕阳已经西下。小河你唱她入睡，你唱她在爱情的梦中入睡。

舒伯特通过调性的变化绘声绘色地把人物、剧情、自然景色综合为完整的整体。

（姜咏演唱舒伯特的《夜与梦》Nacht und Träume）

歌词大意：神圣的夜徐徐降临，带来沸腾的梦，好比月亮遨游天空一样，你在人们平静的胸中遨游，白天会醒来的。但是，回来吧，神圣的梦，纯洁的梦。

舒伯特写的是夜，是晴朗的夜、安静的夜、美好的夜，景色非常幽美，没有一点不安，没有一点伤感。舒伯特的创作手法是动中求静，他用很多八分音符，在动荡的八分音符中描写夜，景色非常美。

请注意舒伯特这一个特点，就是半音忽然变化的大小调的转换，音色非常美。

（姜咏演唱舒曼的《春夜》Frühlingsnacht）

这是生机盎然的夜。歌词大意：花园的上空我仿佛听到候鸟飞过，春天将要来临，山脚下的花朵已经开放了。我要欢呼、我要哭泣，好像不可能似的。过去的奇迹在月光下又重新出现。月亮和星星告诉我，树林在梦中沙沙作响，夜莺在歌唱，它们说什么，它们告诉我，她是你的。

这是一首非常激情的爱情歌曲，春天的夜晚，春天一天比一天美，春天要来了，象征着希望。我们看舒曼的特点，他是怎么用钢琴塑造整个气氛。

（傅海静演唱贝多芬的《阿德拉伊得》）

这首歌是贝多芬献给诗人马蒂森的。歌词大意：你的朋友孤独地徘徊在花园里，摇曳地开着花朵的树枝上，被温柔的奇妙的光包围着。阿德拉伊得在如镜的湖水中，在被雪覆盖的阿尔卑斯山上，在太阳西下的金色云彩中，在旷野的星星上闪耀着你的肖像。晚风在嫩小的树枝上细语，五月的银铃花在草中轻轻作响，波浪澎湃声和夜莺的啼声都在想、都在说阿德拉伊得。有一天奇妙的事情发生了。在我的坟上开出了一朵小花，这是我的心化为尘土后开放的花。在它的每片紫色的叶子上都闪烁着阿德拉伊得。

从贝多芬的《田园交响曲》可联想到这里。贝多芬对风光的描绘是多么成功。这里有摇曳的树枝，微风中颤栗的花瓣。有山、有水、有日、有夜，不同的音型、音响，力度的增减，变化万千。在一开始忽然之间开了另一乐章，在奇妙的事情要发生的时候，每朵花瓣上都闪烁着阿德拉伊得，就是我的情人阿德拉伊得。到处都是，上下左右，前前后后。这是一首非常美的、深情的爱情歌曲，真情的，我们看出这里面的交响性。

（傅海静演唱舒伯特的《浪游者》Der Wanderer）

歌词大意：我从山上来，山谷弥漫，海洋咆哮，我心中忧郁，孤独地浪游，永远地叹息，追问到哪里去？这里的太阳是这么寒冷，花朵枯萎了，生命衰老，人们的语言空洞无情。我到处都是陌生人，爱情的故土在哪里？我寻找，我幻想，但无影无踪。故乡那里充满了希望，玫瑰开放，老朋友在闲逛，死去的人复活了，说的是乡音。但是我追问，我寻求，回答好比幽灵一样地从远方传来，说那里你不在的地方，就是幸福。

"浪游者"是浪漫主义一种典型的人物，在生活的道路上追求幸福，追求爱情，但遭到不幸，带着一种内心的矛盾和苦闷到处浪游。舒伯特的两个套曲：《美丽的磨坊女》和《冬日的旅行》主人翁都是这样的典型。浪游者一开始疲惫的步伐，先由钢琴介绍出来了。休止符，好比喘了一口气，我要说了。整个歌唱性先是平静，平静一段后爆发了激情，最后又沉入悲痛的深思。

（傅海静演唱舒曼的《两个掷弹兵》Die beiden Grenadiere）

说的是拿破仑的警卫兵。拿破仑出征俄国，1812年火烧莫斯科。两个警卫兵在俄国当了俘虏，在回法国时到了德国，他们低着头，听说法国被毁了，皇帝被俘虏了，两个人一块哭泣。一个说多么痛苦呀，我的伤疤在灼烈地作痛；另一个说一切都完了，我也想和你一块死去，但是家中有妻子儿女，没有我他们将要饿死。妻子儿女管他们的，让他们去要饭！我有我的理想，我的皇帝被俘虏了，朋友要求你，要是我死去，请你把我的尸首运回法国，埋葬在法国，把我的勋章放在我的身上，把我的枪支放在我的身旁，把我的剑背在我的腰上，在坟中我将要好比站岗放哨一样倾听，一旦听到大炮马蹄声，听到皇帝骑马在我坟上走过，又刀光剑影，我就要全副武装地站起来，保卫我的皇帝。

这是一首叙事曲，有故事、有人物、有对话。一个是悲痛，想的是家乡妻子儿女；一个是心不死，即使躺在坟墓里还要保卫他的皇帝。在最后结尾的时候，他虽然是这么说，实际上他在一节一节地倒下去了。

（傅海静演唱《魔王》）

歌德作词，勒韦作曲。有三个人物：一个是发着高烧得了猩红热的孩子；一个是父亲，紧抱着他，骑在马上想赶回家；一个是魔王。

三、德国艺术歌曲的后期

J.勃拉姆斯（Johannes Brahms,1833~1897）和H.沃尔夫

（Hugo Wolf 1860～1903）把19世纪的艺术歌曲推向了又一个高峰。勃拉姆斯在音乐语言上继承了舒伯特的传统。沃尔夫更倾向于舒曼，侧重于文学方面。勃拉姆斯宽阔的大线条的旋律，经常有饱满的、浑厚低音的衬托。他最喜欢运用传统的分节歌曲式，并在中间部分穿插各种节奏和音色的变化。和贝多芬一样，勃拉姆斯收集民歌，并为它们谱写具有高度艺术性的伴奏，其中有许多珍品。例如《在安静的夜晚》(Die stille Nacht)、《小姐姐》。他还写了民歌式的歌曲，如大家所熟悉的《摇篮曲》(Wiegenlied)、《星期日》(Sonntag)和《徒劳的小夜曲》(Vergebliches Ständchen)等，可以看出他的歌曲的源泉深深地扎在民歌之中。

　　勃拉姆斯在自己的歌曲中抒发了那个时代的知识分子的内心矛盾情感，时而心情沉重、寂寞、忧伤，时而投入自然的怀抱，对生活充满了希望，抒情优美的《田野的寂静》(Feldeinsamkeit)、《温柔的歌声》(Wie Melodien zieht es mir)，欢快明朗的《我喜爱绿》(Meine Liebe ist grün)和《牧歌》，是他的成功的作品。和浪漫主义的诗人一样，他也喜欢中世纪的题材。他为J．L．蒂克（Johann

Ludwig Tieck，1773～1853）的诗歌谱写了《美丽的玛格洛娜》。玛格洛娜是个女孩的名字。这是个浪漫组曲。但是感人至深的作品是严肃而富有思想性的作品，例如：《在坟地》（Auf dem Kirchhofe）、《死亡好比凉爽的夜》（Der Tod, das ist die kühle Nacht）等。《四首庄严的歌曲》是他临终前一年的作品。在这几首歌曲里，音乐不仅诱发激情，而是震撼思想，这里有严谨的结构，有雄伟的音响，对位的追逐和复调的埋伏。继贝多芬之后，勃拉姆斯更深刻地把音乐和人的精神境界联系在一起，把艺术歌曲推到表达哲理的高度。

　　沃尔夫的主要创作体裁是艺术歌曲，他的创作特点是把诗词的内容、语言与音乐紧密地结合在一起，使之浑然一体，达到一种新的境界：诗中有歌，歌中有诗。他的创作方法是一个时期以一个诗人的作品为中心，主要的是：《默里克诗歌曲集》、《爱兴多尔夫诗歌曲集》、《歌德诗歌曲集》，以及为外国诗词谱写的《西班牙歌曲集》、《意大利歌曲集》等。沃尔夫很熟悉古老传统中的四部合唱与器乐重奏，他把对位的技巧巧妙地运用在歌声和钢琴伴奏之中，形成他独特的风格。同时，他还把瓦格纳的歌剧创作原则运用于歌曲创作，强调诗歌中人物的个性，给艺术歌曲带来了前所未有的戏剧性。也正是这个缘故，他后来离开了抒情的德国诗歌，到外国诗歌当中去寻找异乡的风格与色调。

沃尔夫的歌曲大致可以分为两大类型。

第一种是音乐语言接近民歌，欢快明朗，充满生活气息。如《默里克诗歌曲集》中的《漫游》和《园丁》，它有朴实的民歌音调，钢琴伴奏有独立的主题和展开部分，现实交响性烘托出内容的变幻。在《西班牙歌曲集》中充满了南国的风光和情趣，吉它、手鼓和西班牙的舞蹈节奏，活泼又幽默，在其中有一首《在我卷发的影子下》(In dem Schatten meiner Locken)，歌词的每个思想感情变化都用调性的变化来形容，钢琴伴奏的表现力通过各种技巧的运用，得到了充分的发挥。

第二种类型是表现人物内心感受和精神境界的作品，如《默里克诗歌曲集》中《被遗弃的少女》，以细腻的色彩描绘出孤独的少女在晨曦中点柴取火的辛酸与凄凉。《歌德诗歌曲集》中的《伽尼墨得》(Ganymed)、《人的限度》和《普罗米修斯》(Prometheus)

是沃尔夫的代表作。《伽尼墨得》讴歌了明媚的春光,豁达的胸襟,钢琴伴奏在绚丽多彩的和声中歌唱;《人的限度》用音乐语言注释了歌德哀叹在巍峨的大自然面前人的渺小。沃尔夫和舒伯特一样,着重以庄重、和谐、宽阔的笔触描绘出一幅壮丽的画面,给人一种心旷神怡的感受。在《普罗米修斯》中,沃尔夫用高度戏剧性手法,刻画了巨人的震撼人心的反抗精神。

沃尔夫的早逝使我们看不到他更大的发展。在他后期最成熟的《意大利歌曲集》中,使人感到他又回到了他初期创作的《默里克诗歌曲集》的表现手法上去了。沃尔夫和勃拉姆斯晚年都在德国诗歌之外去寻找创作源泉,说明浪漫主义文学衰败的迹象。这是不利于艺术歌曲发展的。

F.李斯特(Liszt Ferenc,1811~1886)很关心艺术歌曲,经常在他的音乐会上演奏他为钢琴改编的名曲。《罗累莱》、《当我入梦》、《我愿他去》、《山峦沉静》是他比较杰出的作品。

R.瓦格纳(Richard Wagner,1813~1883)晚年谱写的《韦森东克》组曲是艺术歌曲中的重要文献。

R.弗朗茨（Robert Franz，1815～1892）是一位值得重视而未被重视的歌曲作家。在他的歌曲中明显地看到以下三个方面的影响。第一，古老的德国民歌和民间诗歌；第二，J.S.巴赫、G.F.亨德尔的主题结构；第三，新教四部合唱中教会调式的色彩。他最喜欢海涅的诗，他四分之一的歌曲选用了海涅的诗。弗朗茨的作品当中朴实的分节歌占多数，有简单的民歌曲调，有俏皮的和弦外音。他所表现的内心世界不是激情的，而是静穆的、和谐的，有时是忧伤的、浪漫的。舒曼、李斯特和瓦格纳都高度评价他的歌曲，《空中荡漾的声音》、《母亲，唱我入睡》、《水上漫游》和《我莫大的悲恸》是他成功的作品。

P.科内利乌斯（Peter Cornelius，1824～1874）是语言学家、散文家、诗人和作曲家。诗歌和音乐内在的联系在他的艺术歌曲中得到最完善的体现。他和弗朗茨一样是以艺术歌曲作家进入史册的，内心深沉的感情和严谨、洗练的手法，是他创作的特点。《新娘组歌》和《圣诞之歌》是他为自己的诗歌谱写的两部套曲。

G.马勒（Gustav Mahler，1860～1911)喜欢用乐队为自己的歌

曲伴奏，他一方面运用乐队的交响性来创造戏剧性气氛，同时也运用单一乐器的独奏来表现必要的抒情性，由此而得到色彩上的变化和情绪上的多样化。《男童的神奇号角》组曲取材于民间诗歌，显示了他对民族语言、民族音调的热爱。《漂泊者之歌》（Lieder eines fahrenden Gesellen）、《孩子们的挽歌》是他成熟的作品，充满内心的激情和悲恸。《大地之歌》（Das Lied von der Erde）是据德国诗人汉斯·贝吉格翻译的唐代诗人李白、孟浩然、王维的7首诗歌谱写的一部 6乐章的交响性套曲，与舒伯特的《冬日的旅行》有相似的地方，曲中都有追求光明、渴望幸福、对现实不满而感到孤独与无能为力的心境的描绘；曲中以温柔的摇篮曲暗示送葬曲的进行，抒发了作家愤世嫉俗、渴望辞世长眠的消沉情绪。这也是马勒的自传性的叙述。

　　R.施特劳斯（Richard Strauss，1864～1949）在他早年创作旺盛的时候写过比较好的歌曲。他力求与德国古典传统保持密切的联系。《明晨》、《黄昏之歌》、《你，我心上的皇后》，都有优美流畅的旋律。《小夜曲》(Ständchen)、《秘密的邀请》（Heimliche

Aufforderung）有华丽的钢琴伴奏，是最有舞台效果的名曲。他还善于写诙谐、轻佻、欢快的歌曲，如《天气不好》、《我所有的思念》和《姑娘，为何？》等。继马勒之后，他的许多歌曲都是用乐队伴奏的。施特劳斯去世的前一年写了4首歌，被后人命名为"最后的四首歌"组曲，表现的是在坎坷的人生道路上走到尽头的人，借秋末的黄昏抒发自己渴望永久安宁的心情。曲中彩虹般的联唱在宽阔的音域中运行，表达了夕照清明，一片安详与和谐。施特劳斯用细腻的笔触赋予乐队丰富而又透彻的和弦，是他的成功之作。

　　这个时期的艺术歌曲打破了室内性的局限，进入了演奏大厅。很多作曲家在不同的时期都被这种表现形式所吸引，谱写了值得重视的作品。H.普菲茨纳（Hans Pfitzner，1869~1949）在浪漫主义的传统下进行创作，他的作品丰富了歌曲文献，但没有做出新的尝试。M.雷格尔（Max Reger，1873~1916）独特的风格表现在和声和复调的运用，但流传较广的只是几首朴实的小歌：《玛丽亚的摇篮曲》、《林中的寂静》和《病危的孩子》。

　　其他按照德国文化传统谱写艺术歌曲的有挪威的E.格里格

（Edvard Grieg, 1843~1907），俄罗斯的 А·Г·鲁宾斯坦（Антон Григорьевич Рубинштейн 1829~1894）和 П.И.柴科夫斯基（Пётр Ильич Чайковский 1840~189），芬兰的 J.西贝柳斯（Jean Sibelius 1865~1957）和 Y.基尔皮宁（Yrjö Kilpinen 1892~1959），瑞士的 O.舍克（Othmar Schoeck 1886~1957）。

　　20世纪的音乐中断了300年来以旋律为主的传统。所谓"新音乐"，它的兴起是建立在和声上的新学派。A.勋伯格（Arnold Schönberg, 1874~1951）谱写的《月迷的皮埃罗》（Pierrot lunaire）已经不是歌曲，而是朗诵的说唱。P.欣德米特（Paul Hindemith, 1895~1963）谱写了两部声乐套曲：《玛丽亚的生活》 和 《年轻姑娘》。奥地利的 A.贝尔格（Alban Berg, 1885~1935）和 A.von 韦伯恩（Anton von Webern, 1883~1945）以及美籍奥地利作曲家 E.克雷内克（Ernst Krenek, 1900~ ）都在艺术歌曲领域里作出了贡献。这个时期资本主义已经失去了它早期上升的势头，文学艺术也不能不受其影响。德国人开辟了艺术歌曲这种以文字的诗歌与音乐相结合的新形式，并作出了卓越的贡献，但现在暂时失去了原先推动它前进的力量，处于彷徨的境地。

但要看到，世界上其他民族在自己传统音乐的基础上，也都有各自的经验与收获。我们如能汇集有关各方面的资料，包括中国的戏曲和诗词，在新的历史时期得到新的社会动力，它一定会再次走上发展的道路。我们期待它发出新的光辉，丰富人类的文化。

第二部分

下面我在钢琴上再弹唱两支歌。

第一支是勃拉姆斯的《在坟地》（Auf dem Kirchhofe）

歌词大意：暴风骤雨的一天，我到坟地去了。悲墓荒芜，花圈老锈了，名字都无法辨别了。第二段：骤雨狂风的一天，在所有的坟上凝固着过去这个字。暴风停止了，像死一样的寂静。棺木沉睡，在所有的坟上溶解着福康这个字。过去了，我福康了。

（边弹钢琴，边按原调唱）

第一段、第二段，"我"到坟地去了，看到一片荒芜，写了"我"的感受。第三段，这么戏剧性以后，勃拉姆斯采取了很安静的C大调。这就是他所说的坟上已经福康了。怎么理解这个福康？我是从勃拉姆斯的音乐里得到启发的。第一，他这儿给你的感觉就是教堂四部合唱的音调。

　　（弹奏、演唱）

　　就这一句，后头也没有了。很安静，很平行，又回到G大调的和弦。然后进行结束，回到C大调最简单的和弦，回到低音。但是到这儿为什么勃拉姆斯没有完，他还有话说，他是这么说。

　　（弹奏）

　　这是什么？我的分析，就是说福康了。浪漫主义诗人都是这样想的，视死如归。他这是死去了，升华了。

　　第二首是《被弃遗的姑娘》

　　歌词大意：清晨鸡叫第一声，星星还没有消失，我就得站在炉火边上点火，火苗多美丽呀，金光在那里跳跃，我凝视着，深浸在痛苦中，突然我仿佛看到昨天在梦中我看到的负心人。眼泪系着眼泪，点点滴滴。天亮了，天黑了。

　　（边弹钢琴，边低八度演唱）

　　大家看到了吧，沃尔夫用很简单的音响，来创作刻画一个凄凉的、辛酸的姑娘。

　　有人给我提出个问题，我借这个机会说一下。就是你们学德国歌曲，是怎么备课的？在我班上已经养成这个习惯了。假如同学们要学一首新歌，就会把这个歌的歌词抄在一张纸上，我把每一个字的意思写在上面。我们不仅仅要理解它的大意，而且要理解它的每一个字，要懂。然后，我们首先一块熟悉了解明白这个歌词讲的是什么，熟悉歌词的内容。我举一个例子。比方说，一会儿我们会听到的《徒劳的小夜曲》，我是怎么备课的。

　　《徒劳的小夜曲》的内容是这样的：一个小伙子来了，他先说："晚安，我的情人，我的宝贝。我是出于爱情来看你的，开门，开门，快开门！"这姑娘就说："我的门已经锁上了，我不能让你进来。妈妈跟我说，你要一进来，我可就遭殃了。"小伙子就说："夜晚很冷，风很紧，冻坏了我的心，冻坏了我的爱情，你快开门吧，快开门吧！"姑娘就说："熄灭了吧，熄灭吧，晚安，你回家去吧，你回家睡觉去吧。"

　　歌词表面上就是这么简单。但是我们深入地分析，就会发现更多的潜台词。第一，小伙子充满了爱情，渴望得到爱情的满足，来找他的姑娘。他很自信。我们说，这个小伙子开口唱的时候非常自信：我来看你，我爱你，我想你，你给我快开门吧！他以为姑娘会悄悄地把门打开。但是不然。为什么？因为他来的时候不对。他不是下午4点来吃茶点，他也不是吃过晚饭以后来坐一坐，就是欧洲人们社交的那个时候。他是在人家大门已经上了锁的时候来的，这就不一般了。那么这个姑娘呢？她不是不懂事的人，她懂事，她知道妈妈已经跟她说过，门要是上了锁，你可别再开了。她知道，小伙子虽然来了，她也很高兴小伙子来找她。但她跟自己说：啊，不行，不行，不行，不行，我不上当，我不能开。妈妈跟我说了，我要开门，我可要遭殃。那我可不能答应你。小伙子一听姑娘拒绝，不开门，这怎么办呢？他就着急了。他想，有什么办法呢？我得说点什么让她同情我，让她可怜我，可能她还会开。啊呀，外头真冷，你看我这颗心都冻坏了。唉，小姑娘还是懂事，她说："那不行。熄灭吧，熄灭吧，算啦，算啦，你回家去吧。"结尾妙就妙在最后的四拍。钢琴伴奏变了。从钢琴伴奏的变一变，我们不要这样说：晚安，晚安。要是音乐都给它拉平了，就没有意思了。我们想想看，这个姑娘是拒绝他了吗？不理他吗？把大门关了，走吧！不是这个意思，绝对不是这个意思。这姑娘是说你现在来得不是时候。她还是很爱他的。所以，虽然在最后的四小节勃拉姆斯没有写上"渐慢"，但是因为他的钢琴伴奏变了，我们就可以看出这是另外一个，不是一气呵成了。所以我们给它一个渐慢，"晚安，晚安"，有点舍不得。真走了，不来了，那也不好。"晚安，晚安"，不能来，不能来，懂吧？这个歌要很有语气，戏剧性，把这个戏唱出来，这个歌你就获得八分成功了。我们就是这么来分析歌词。但是，所有的一切，你必须有音乐的根基，你可不能胡来。一定要尊重作家。

再举一个例子，就是沃尔夫的《园丁》。这是一个很欢快的民歌式的。歌词是这样的：在雪白的小马上，最美丽的公主骑着马走过来了。小马跳过的路上，我为她洒下的沙子，像金子一样闪闪发光。第二段，你粉红的小帽，摇上摆下（骑在马上，不是吗？）扔下一根羽毛给我吧，我愿意为这根羽毛送你一朵花，送你一千朵花，送我园中所有的花。

从这个歌词里我们就明白了，这个园丁是多么爱慕着这个美丽的公主啊，对不对？一开始在钢琴的伴奏上我们就听到小马跳跃的节奏。

（弹琴）

这是小马，但是他开始的时候，是用"P"，所以，告诉我们这个公主是从远边慢慢来的，她骑着马过来的，所以用"P"开始。这个园丁老远看见公主骑着小马过来了，他产生了对她的爱慕的感情。就说了，你看，我为你服务，我为你铺上沙子。为什么说他爱她呢？我这么一心为你，沙子都变成了金子，闪闪发光。这说明他的爱慕的心。他并不是看见公主来了，说："公主，你好。""陛下，你好。"不是，不是。他仅仅看见她那粉红的小帽在那里摇晃，哎呀，真美，这个小帽。你要是给我一根羽毛多好呀！这是他的幻想，短暂的一刻美好的幻想。假如你要给我一根羽毛，然后我送你一朵花，你要哪朵都可以，我送你所有的花，我送你一千朵，我是这么样地爱你。潜台词就是这样。这就是歌词的内容。我们现在就听，在钢琴上，小马从远处怎么过来了，然后是这个园丁的幻想，园丁高兴极了，想要说几句话，但他不能说出口，他没说出口，他没有这个权利，他也没有这个机会。最后他欢呼，我送你一千朵花，但是，……

　　他最后的结尾是重复的。第一个，送给你所有的花，是欢呼的。但第二句，沃尔夫写一千朵花，你以为他会再重复一次，就是更加倍了，欢呼。不是，他并写了两个"PP"。那是什么意思呀？园丁说：我送你一朵花吧。公主骑着马已经走了，他还没说完呢，公主已经不见了。然后，钢琴伴奏的小马，渐弱，没有了。园丁一霎那的一个幻想。我们就是这样进行歌曲准备的。拿到了诗词，怎么分析这个诗词，怎样找出它丰富的潜台词。这样，我们就可以把这个歌唱得更活。就是最后那一句，我送你一千朵花，园丁傻了，很朴实很谦逊的园丁，有一霎那的一个奢侈的梦，过去了，完了，小马也走了，这个歌也完了。这是我回答同志们给我提出的一个问题，就是我们怎么备课？其实也没有什么，就是给它以丰富的潜台词，我们就可以把这个歌唱得活了。

第三部分

现在请杨洁、姜咏、傅海静三位同志演唱作品。

请杨洁演唱四首勃拉姆斯的作品。杨洁是王秉锐教师的学生，她在学校时学了很多勃拉姆斯的作品。

第一首是《在安静的夜晚》。

歌词大意：在安静的夜晚，温柔的晚风带来一声声悲叹，声音充满了深沉的忧伤，使得我的心破碎。纯洁的小花朵，我用眼泪来灌溉你们。第二段：月亮还不愿意下去，她悲伤得也不愿意放光了。闪闪的小星星，好像愿意同我一起哭泣。空中没有欢乐的鸟声，在岩石旁的禽兽也同我一起悲伤。

（杨洁演唱）

这是一首很凄凉的写意境的歌。这个歌，我们是这样唱的，自始至终是一个情调，没有强，没有弱，很悲哀的。在钢琴当中的切分音，给我们一个感觉虽然是夜晚，但是一个不平静的夜晚。

这小小的民歌，勃拉姆斯给它一种那么细致，那么讲究的伴奏。

第二首是一首小民歌，叫《小姐姐》。是对话体。在浪漫主义的叙事曲当中，经常采用这种方式。用两者的对话，把情节交待出来。我们知道，《魔王》也是这样，还有很多歌也是这样。这是一个童话，是家喻户晓的，写一个小弟弟跟一个小姐姐。这是一个后娘，把一个小弟弟跟一个小姐姐赶到森林里去了，不准他们回家，让他们饿死。这个时候，小弟弟开口就问："姐姐，天黑，咱们什么时候回家呀？""鸡叫了，咱们就回家啦，小弟弟。"第二段，"小姐姐，咱们什么时候回家呀？""天亮了，欢乐的舞蹈完了，咱们就回家啦，小弟弟。"第三段，小弟弟就问："小姐姐呀，到时候了吧？"小姐姐说："我的情人和我跳舞呐，跳完了咱们就回家。"第四段，小弟弟就问："小姐姐，你怎么这么苍白呀？"姐姐就回答说："晨曦的光照在我脸上，还有露水。小弟弟呀。"然后小弟弟又问："你怎么摇摇晃晃，要倒了似的呐？"小姐姐说："我的小屋在哪儿呐？我的床在哪儿呐？可能就在绿草地的下面了吧。"这是个典故。欧洲在这个时候，有一个传统的故事。就是说，你在死以前，死神会来邀请，跟你一块跳舞的，跳到你疲乏不堪，你倒下了。这个小姐姐这时说的跳舞，我的情人陪我跳舞，实际上就是死神逼着她要跟她跳舞。最后她疲乏不堪，就饿死了，冻死了在野外了。伴奏是很简单的民间舞蹈，一、二、三，这么一个拍子。一、二、三段，我们还不知道什么啊，到了第四段，好像舞蹈的旋律也都冻僵了，忽然慢下来了。这是一个很悲哀的歌，很凄凉的。

（杨洁演唱）

第三首歌是《温柔的歌声》（Wie Melodien zieht es mir）。

歌词大意：我的意念中飘过一个旋律，像花朵的芳香。在眼前我仿佛又看到它的歌词了，但是在云雾中又消失了。在音韵中隐藏着芳香，沉默的蓓蕾中一双湿润的眼睛在呼唤。

这样一种抽象的诗词，勃拉姆斯怎样去谱它呢？一般我们都熟悉勃拉姆斯用浑厚的和弦，用对应，但这儿勃拉姆斯用本身整个旋律，这支歌就像飘浮的旋律似的，把旋律、和弦解开了，只有旋律，钢琴也是旋律，唱也是大线条的旋律。

（杨洁演唱）

第四首《徒劳的小夜曲》（Vergebliches Ständchen）。

（杨洁演唱）

现在请姜咏同志为我们演唱三首歌曲。

第一首沃尔夫的《园丁》。

（姜咏演唱）

第二首歌是M.雷格尔的《玛丽亚的摇篮曲》

歌词大意是：玛丽亚坐在玫瑰花旁，摇着她的小耶稣，树梢上温暖的夏天的风在吹拂着，她脚下有一只小鸟在唱。睡吧，睡吧，小耶稣。你纯洁的好困的微笑，把你的头紧紧地靠在你妈妈的胸上。睡吧，小耶稣。

（姜咏演唱）

第三支歌是R.施特劳斯的《小夜曲》(Ständchen)

歌词大意是：轻轻地开开门，别让人听见。小河都还没作声，风很静，树梢上的叶子一丝不动。姑娘，别吵醒别人，悄悄地把你的手放在门栓上。好比小妖精的步伐跳过花朵那样，到这个月夜的花园里，到我的身边来。四周围的花朵都还在沉睡着，在梦中放出芳香，只有爱情是醒着。坐下吧，在菩提树下边，夜幕降临了，我们头上的夜莺梦着我们的吻。玫瑰花明天醒来，为我们夜晚的幸福而怒放。

　　这首歌，不是那种很深情的歌，是一个舞台效果都在外边，很好听，没有什么太多的内容，就是小伙子想引诱他的姑娘出来，两个人享受幸福的爱情。这个歌本身就像一阵风似地吹过去了，一个情人焦急的心情，秘密地偷偷地悄悄地出来。结尾他就是怒放，并不是玫瑰花怒放，是我们自己幸福极了。这是施特劳斯的特点，也是运用大线条把旋律表现出来，很好听，很有舞台效果。

　　（姜咏演唱）

　　现在请傅海静演唱四首歌

　　第一首歌是勃拉姆斯的《死亡好比凉爽的夜》（Der Tod，das ist die kühle Nacht）。

　　在这里，死亡是很美的，不是可怕的。也是大线条的旋律。夜莺在那里唱，唱得很美。他在做梦，但到底是什么梦呢？没有形容词，要我们自己去感受。那么美的夜莺，是不是又唤醒他对生活的依依不舍呐？我们作为艺术表演的，有我们自己的权利，我们怎么理解的，就怎么去表达它。

（傅海静演唱）

第二首歌是G．马勒《飘泊者之歌》的第三首。

歌词大意是：我有一把灼热的刀插在我胸上，深深的，多痛苦。他切断了一切欢乐和愉快。这是一个多么不受欢迎的人呐，他不让我得到片刻的安宁，白天黑夜一样，多痛苦。当我仰望天空，我看见两只蓝色的眼睛，多痛苦呀！当我走过金色的麦田，从老远我看见那金黄色的头发在风中吹动，多痛苦。当我从梦中惊醒，我听到她银铃般的笑声，多痛苦。我希望我已经躺在黑色的棺材板上，永远闭上我的眼睛。

这是一首戏剧性非常强烈的歌，表现着深刻的、强烈的悲剧。这不属于室内乐范畴了。这歌也是用乐队伴奏的。

（傅海静演唱）

第三首是H．沃尔夫的《伽尼墨得》（Ganymed）。

是歌德的诗。这是钱春琦翻译的：你拥着晨光在我周围，多辉煌。春天啊，我的爱人，以千倍的爱的喜悦，在我心头压着你那永远温柔的神圣的感情，无限的美。我真能把你抱在怀中，啊，我在你的胸头，羞怯而思慕。你的花，你的草，压住我的心，你消竭我胸中灼热的烦渴。夜莺也从雾谷中亲切地向我召唤。我去，我去，那里去，啊，到那里去。向上空，一心向上，白云俯视思恋的情人，接我来，接我来，抱在你怀里。上天，你抱着我，我抱着你，高伸到你的怀里，博爱的天父。

伽尼墨得是一个年轻英俊的少年。宙斯派老鹰来把他叼去，叼到他身边为他侍酒，以使得他永葆青春。歌德将这个神话改编，描绘他在春光之中浸透了尘世高尚的、幸福的感情，向往一切华美的泉源，向往博爱的天父，永远到天父的身旁去。这个歌曲是一个大线条的歌曲，整个歌就是一个主题，我们可以看出来是明媚的春光。钢琴在对位中有它自己的旋律，跟歌声平行进行。这里面的切分音给你一种非常活跃的感情。它的钢琴伴奏的难度是很大的，不只在表现上，在技巧上要求也是很高的。最后给你一种飘飘然，像把我们沸腾起来了，坐在白云上飘上太空似的。

（傅海静演唱）

第四首是施特劳斯的《秘密的邀请》（Heimliche

Aufforderung）。

　　歌词大意：举起你明亮的闪闪发光的酒杯，在欢乐的宴会上尽情地痛饮吧。当你举起酒杯的时候，秘密地暗示一下，我将向你微笑，悄悄地与你同饮。像我一样观望四周的酒徒，不要太瞧不起他，举起斟满了的酒杯，别管这吵闹的宴会，当你吃饱了，酒也品够了，离开这欢乐的场景，悄悄地遛到花园里的玫瑰花旁，按老习惯我在那里等待你，我将倒在你的怀里，痛饮你的吻。像过去一样，在你的头发中编进玫瑰的光辉。来吧，渴望的夜。

　　（傅海静演唱）

　　今天由于时间的关系，只能给大家介绍一些具有代表性的德国艺术歌曲和作曲家。在浩瀚的德国艺术歌曲的海洋中，还有不计其数的、好听的作品有待大家去欣赏。以后有机会我们再一同学习，欣赏。

　　谢谢大家的光临。

编后记

　　2014年4月20日下午，中央音乐学院举办了《永远的怀念——蒋英教授追思会》，开得非常成功。会后学院决定，在追思会各方代表发言的基础上，编辑出版一部蒋英教授纪念性文集。

　　组稿工作得到了多方支持，学院王次炤院长和郭淑兰书记均亲自撰稿纪念。蒋英教授生前领导、同事刘诗嵘、周广仁、黄旭东、郭代昭、甘家馨等从不同角度回忆了与蒋英教授交往的时光，字里行间无不流露出思念、钦佩之情。学院声歌系主任张立萍以及蒋英教授的学生代表祝爱兰、赵登营的几篇文稿充分而细致地体现出蒋英教授的治学风范和教学理念，还有她对学生慈母般的情怀。而钱老秘书涂元季还有钱学敏、钱永刚的文章则让我们看到了蒋英教授博大的胸襟和高尚的人格。

整个书稿筹备工作无论是照片的收集和甄选，还是文稿的组织与修改都得到了钱永刚教授的大力帮助。尤其难能可贵的是，钱教授提供了1984年蒋英教授在中央音乐学院所作的"德国艺术歌曲发展简史"的学术报告整理稿，这对于大家进一步了解蒋英教授对于德国艺术歌曲的深刻把握极有帮助。

这部图文并茂的纪念性文集定名为《怀念蒋英老师》，目的是通过追忆蒋英的爱国热情，追忆她对事业、对艺术的执着和奉献，追思她对学生的培养和关爱，追忆她与钱学森先生相濡以沫，相互激励的崇高的爱，追忆她对同事、朋友无私的帮助，以此来缅怀这位杰出的艺术家和慈祥的长者。同时，激励年轻的学子们奋发向上、努力进取。

蒋英老师是我们思想上的楷模、事业上的楷模、生活中的楷模。她的爱国情怀和对音乐教育事业的杰出贡献为我们留下了宝贵的精神与艺术财富，激励着我们为国家的艺术教育事业不断地努力奋斗。同时，蒋英老师博爱的胸怀和崇高的品格也将深刻地影响着我们思想境界的提升和人格、修养的完善。我们要将对蒋英老师的思念化为工作和学习不竭的动力，为学院更加美好的明天，为国家的艺术教育事业而努力奋斗！

编者
2015年3月